U0112494

诗书里的成长

龙剑宇 著

中原出版传媒集团
中原传媒股份公司

大象出版社

· 郑州 ·

图书在版编目（CIP）数据

诗书里的成长／龙剑宇著. — 郑州：大象出版社，
2023. 11（2024. 5 重印）
ISBN 978-7-5711-1859-4

Ⅰ. ①诗… Ⅱ. ①龙… Ⅲ. ①毛泽东（1893—1976）
-传记 Ⅳ. ①A751

中国国家版本馆 CIP 数据核字（2023）第 168643 号

诗书里的成长

SHISHU LI DE CHENGZHANG

龙剑宇　著

出 版 人　汪林中
策　　划　张桂枝　孟建华
责任编辑　陈　灼
责任校对　张迎娟　倪玉秀　李婧慧
版式设计　王晶晶
封面设计　昆　词
责任印制　张　庆

出版发行　大象出版社（郑州市郑东新区祥盛街 27 号　邮政编码 450016）
　　　　　发行科　0371-63863551　总编室　0371-65597936
网　　址　www. daxiang. cn
印　　刷　河南瑞之光印刷股份有限公司
经　　销　各地新华书店经销
开　　本　890 mm×1240 mm　1/32
印　　张　9
字　　数　138 千字
版　　次　2023 年 11 月第 1 版　2024 年 5 月第 3 次印刷
定　　价　39.00 元

若发现印、装质量问题，影响阅读，请与承印厂联系调换。
印厂地址　武陟县产业集聚区东区（詹店镇）泰安路与昌平路交叉口
邮政编码　454950　　　　　　电话　0371-63956290

目 录

引　言

　　一篇雄壮瑰丽的乐章，在韶山冲徘徊萦绕了 4000 多年，那是舜帝南巡留下的遗响，那是至善至美的旋律，更是韶山人的理想、追求。但是，清朝道光二十年（1840）时，中国东南门户被鸦片和重炮轰开，巨大的震响和毒雾弥漫在中国上空，韶山冲的平静和美好被彻底打破了！

　　当外敌犯境的消息随着浓烟、大雾飘到长沙、湘潭上空时，已经过去了好几年，就连幽居韶山冲深处的毛氏族人，也开始被烟味呛得流泪了——韶山毛氏家族与中国各姓氏家族一样，意识到民族的危机来临，而这种危机大过以往各个历史时代曾发生的危机。

　　鸦片战争爆发后的第 53 年，即甲午中日战争爆发前一年，清朝光绪十九年农历十一月十九，即 1893 年 12 月 26 日清晨，湖南省湘潭县七都七甲韶山冲上屋场，毛顺生，韶山毛家的第十九代传人，他的妻子文氏正临产。他跺着冻麻的双脚，在房门外焦心地等待着。

韶山冲的气候，夏天酷热，冬天酷冷，四季分明。正当隆冬，晴好的头晚总是下霜，白芽扎满田野，松针尖处缀着露水凝结而成的小冰珠；南岸塘的水宽阔且深，所以还不容易结冰，上屋场前小而浅的塘面则有了一层薄冰。

即将出生的这个孩子没有什么显赫的身世，相反，这个家庭正在贫困中挣扎。虽然后来许多人要把他的祖先一代一代向上追溯，一直溯源到周朝的文王，但他降生在韶山冲的时候，毛家只是一户普通人家。这个家族在元末明初，历尽千辛万苦，从江西吉水躲避战乱到云南澜沧，在那里替明太祖朱元璋守卫边疆十多年。之后来到湖南，起初居住在湘乡县城郊。他们的始迁祖叫毛太华。毛太华在云南与王氏夫人共育有八子，随他来到湖南的是毛清一和毛清四。毛清一、毛清四在父亲过世后带领儿女来到湘潭县地界，当时是"三十九都"，清代改称"七都七甲"的韶山。

韶山冲毛姓人口最初不过十来人，而经过500年的繁衍生息，到清朝乾隆时进入盛期，清朝末年达到千人，他们生活在韶山冲的各个角落，依山傍水，分散而居。他们的房子多半是用稻田里的泥巴做成的土砖茅草屋。只是近30年，有一批人跟随曾国藩、左宗棠出外打仗，60多人建立军功，荣归故里，他们成为毛家的"上层人"，他们有的做到了提督、总兵，有的做到了副将、参将……

这个婴儿就要出生，迎接他的是五间半泥坯茅草房，外加15亩薄薄的山田；破草屋是这个即将出生的婴儿的曾祖父毛祖人借钱买来的，那15亩薄田也因为生计无着而抵押出去。

当然，随着他的出生，家境将有所改变，并非因为他是上天的使者，是来帮他父亲的，而恰恰是他的父亲因为儿子的出生，责任感和重担让他奋起——毛顺生要外出当兵，是效法前辈，更是被逼无奈，只是他没有建立什么功业，却找到了让家庭摆脱困境的办法。

清王朝走向倒计时了！此前，中国刚刚发生过一系列屈辱的大事！在这个孩子出生的第二年，中国与日本之间又要爆发海战和陆战，中国将以惨败告终；可是这一年——1893年，中国和世界却出奇地平静，好像是专门留给这个孩子的。

毛顺生跺着脚，还在屋外焦急地等待。突然间，整个茅草房被一片红光笼罩，只见一轮红彤彤的太阳正从对面象鼻山的松树丛中活脱脱地拱跳出来。这一刻，南岳衡山第七十一峰的韶山，仿佛有了新生命，也欢快地跃动起来……

太阳使原本色彩灰暗的上屋场茅草房突然间变得光彩熠熠。

也就在这一刻，里屋突然传出嗓音异常洪亮的婴啼，这让毛顺生吓了一跳，他激动地淌下了眼泪。

接生婆探出头喊道："顺生，进来啊！恭喜你！是个伢子！"

毛顺生却没有立刻走到他和妻子的房间去，而是把通向屋外的门完全打开！

他用线香点燃预先准备好的爆竹。

先是一阵大炮仗炸响，接着是一串小炮仗清脆地响①；大公鸡也"咯——咯——咯"地打鸣，加入到这支交响曲的演奏中……这时，韶山冲就像回到舜帝演奏韶乐的时候，交响曲从林间传向山外，音符洒向冲内外的大地！

毛顺生征求本族德高望重的文化人意见后，给新降生的儿子取名"泽东"。

"泽"是毛氏家族谱系标志——"立显荣朝士，文方运际祥。祖恩贻泽远，世代永承昌"，这个孩子轮到"泽"字一辈；"东"是时辰符号，"日从木中出"即太阳初升

---

① 韶山乡俗，生男，开大门先放大炮仗再放小炮仗，生女则只放小炮仗。

韶山冲上屋场真像一座"摇篮"

　　的时候，又有"广大""吉祥"之意，因为东方为日神所管，是光明灿烂之域，"毛泽东"也就是一个大吉大利的名字了！后来，人们说是"福泽东方"的意思。

　　这孩子与太阳同时来到世界上，这也无法表明他的出生与别人的出生有什么不同，与他同一时辰出生的孩子，也不知道有多少。他从平凡到不平凡，还要经历一个漫长的磨砺、奋斗的过程。

　　毛泽东来到这个世上并不寂寞，与他同年生的名人不少：叶问、萧楚女、白崇禧、宋庆龄、黎民伟，还有杨虎城、

毛泽东本人的各种签名

华彦钧（即阿炳）、梁漱溟、顾祝同、丁西林、熊庆来、吴宪、
汤用彤、夏威、叶季壮、戴芳澜、左舜生、舒新城、张申府、
张家树、陈策、邹秉文、孙越崎、吴耀宗、秦德纯、朱家骅、
吴贻芳、顾颉刚、熊式辉、续范亭、孙连仲。

　　这些人将与毛泽东一起书写中国的 20 世纪，或作为他
的朋友、战友，或作为他的对手、敌人，奋斗在相同或不
同的战线。

　　毛泽东的家乡在他出生之前也没有什么特别，甚至没

有太大的名声。韶山冲之所以出名，全然是因为毛泽东的横空出世。毛泽东不过是出生在光绪十九年（1893）一个普普通通的早晨和韶山冲一间普普通通的茅草屋里，是活脱脱的一个"穷二代"和草根，但凭着他的发奋不辍、艰辛积累和顽强奋斗，在老师、朋友的帮助下，他凭借时势，自我造就，成为一代伟人！他的少年时期和学生时代，尤其值得我们回顾与深思！

第一章

儿时的乐与思

小小的窗外，松竹摇曳，光线变成了绿色。

外婆家的忧乐

毛顺生因债务在身，无法维持一家人的基本生活，而毛泽东和他大弟弟的出生，又加重了毛顺生的负担，他不得不考虑如何改变家境，可是那个年代不可能有"精准扶贫"，脱贫完全要靠自己。

为了躲债，更是为了寻找脱贫的办法，毛顺生决定外出当兵，他要改变自己的命运，他要让父亲、妻子、儿子过上好日子。当然，他首先要做的是想办法把债务还清，把典当出去的田地赎回来。

幸运的是，这个时候，毛泽东的外婆家已经由贫至富。父亲外出后，毛泽东得到外婆和舅舅的照看。

毛泽东的母亲在他之前生过两个男孩，但都不幸夭折，这正是父亲格外珍视来到世上的第三个孩子的原因。大家期盼这个与太阳同来的孩子顺利长大成人。这孩子后来也就得一小名：石三。"石"是拜石头做干娘的缘故，"三"则是因他排行第三（他母亲不能忘记夭折的那两个男孩，那两个分别排行第一和第二）。"三"在中国传统

文化中是代表吉祥的数字，"一生二，二生三，三生万物"，"三"与"生"发音近似，生生不息，"石三"就成了"石生"。毛泽东后来特别爱看《西游记》，一生都有"西游"情结，潜意识中常常把自己当作孙悟空，而孙猴子就是从石中所生。不管怎样，他来自民间最底层！

这孩子来到世上，最感到欢欣鼓舞的当然是父亲毛顺生。毛顺生这一代男性单传，家庭困顿，债务缠身，大家希望这孩子给毛家带来福运，或者能光宗耀祖。

满月时，孩子被父亲抱着走出房门，与亲戚朋友、左邻右舍见面，韶山冲里的人们看到这孩子被他的外婆照料得白白胖胖，孩子的母亲文氏也笑吟吟地打招呼并感谢大家的祝福。端着酒一杯杯地敬，不胜酒力的毛顺生脸上泛起红光，只是满月酒他还没有能力办得太风光。

外婆把这外孙看得重，要保他平安，让他拜多子多福的七舅文玉瑞（1853—1920）为干爹，大舅母也就视泽东为己生。舅舅、舅母都很疼他，把他带在自己床上睡，又把他与亲生儿女们一起排行，毛泽东排在第二十三。

外婆和母亲还带泽东去拜石干娘。石干娘是位于唐家圫东北边二里处的云盘大山（滴水洞群山）下的一块青色巨石。高两丈八，宽丈余，石后有一股泉水，长流不竭。

乡民说，这里曾是一口深潭，内有一条孽龙危害孩儿，观音移巨石镇之，从此百姓平安，以石为神，又在石上筑庙，以供菩萨。

毛泽东在外婆家度过人生最初的一段美好时光，他非常留恋那里的生活。

毛泽东的表兄有文泮香（1880—1949）、文涧泉（1881—1967）、文运昌（1884—1961）、文梅青（1887—1961）、文南松（1890—1951）等十几人，还有一些表弟表妹，他们一同到山上放牛，到田野间扦猪草。

八舅父文玉钦（1859—1929），性温品端，知书达礼，在家里办了个私塾，课读诸儿，年幼的毛泽东每每也在一旁听舅舅讲解蒙书。

文运昌（即文玉钦之子），又名咏昌、润昌，排行十六，毛泽东称他十六哥，大毛泽东9岁，在人生最初的一段路程上，给了毛泽东格外多的帮助。

毛泽东自幼就有些独特。每当雷鸣电闪、大雨滂沱时，他不但不惧，反要到外面雨中去，外婆、舅舅、舅母哄不住，只得打把油纸伞，抱他到雨中，听风声雨响，他倒神情兴奋。

这日他与年龄相仿的一班孩子玩耍，一白发老者至，

欲逗孩子以为乐，作恐怖状："淘气鬼！我要切掉你们的耳朵！"

众孩儿吓得四散奔逃，只有毛泽东不怕，反问："我们没有做坏事！我不怕你！你切我的耳朵，我爷①回来会砍掉你的手！"

老者愣住：这孩儿竟有如此胆量！大笑，把毛泽东举起，说："你将来必有出息！"

外婆家所在的唐家圫，流传着许许多多的神话传说故事，这些故事激发着毛泽东的想象力以及对过去的好奇与对未来的憧憬。

这一类故事，就像满溪的鹅卵石，随手就能拾得几枚。

毛泽东外祖家唐家圫附近，以赵、章、文姓居多，那里的人们大多朴实善良，千百年来辛劳耕耘、艰苦创业。他们又极富想象力，常常构思出许多瑰丽的故事：

章姓人家生了个俊美的伢子，取名叫峻峰；隔河相望的赵氏生了个秀丽的妹子，叫雯云。

峻峰长大了，学得木匠手艺，以技养家，以耕带艺；

---

① 韶山方言中称父亲为"爷"，如同《木兰诗》中"爷娘闻女来，出郭相扶将"中的"爷"。

雯云也长大了，聪慧秀气，织布梳麻都是里手。两人每每在河中石上洗锄耙，洗衣裳，照同一面清澈的水镜，看镜中同一轮丰满的圆月……他们彼此都有了情意，但谁也没讲出来。

湘乡龙洞，躲着一条孽龙，它本是一个妖变的，竟也垂涎于二十里外雯云的美貌，于是在吞云吐雾中，一把攫住了雯云。

峻峰见状，抡起板斧，飞身一跃，砍向龙头，顿时孽龙鲜血喷溅，待峻峰定睛看时，孽龙挟着雯云不知去向。

峻峰拼命追寻，一直追到龙洞，一股阴森森的冷气直蹿出来。峻峰毫不犹豫地摸进洞，斩杀了守洞的众小妖，进到最里端，只见雯云正趴在一汪清泉边哭泣，泪珠吧嗒吧嗒掉在水中，峻峰背起雯云出了洞。"你快回家，我去杀死孽龙！"峻峰对雯云说。

当峻峰再次入洞，寻到孽龙住处，见它正在痛苦不堪地裹伤，峻峰大喝一声，挥斧便砍。一阵鏖战后，峻峰与孽龙竟同归于尽。

雯云在洞外等呀等，峻峰却杳无音讯。雯云便知凶多吉少，大哭不止，泪水流成河，竟然引发了山洪，龙洞中的水哗啦啦涌出，一只神龟游了出来，峻峰正骑在它的

背上……

这个故事，告诉了人们什么是善，什么是美，以及如何为保护美与善，与恶势力抗争。

还有一个关于鲤鱼的故事：

鲤鱼寨在毛泽东的外婆家附近。那里有一个农家细伢子，天天放牛、砍柴。有一回，他赶牛到鲤鱼寨，看到山腰有一眼清亮亮的泉水，他想要捧一口解渴，看见了一尾通红的小鱼，从潭里的石头缝里游出来。他安静地看着，只见那鱼摇头摆尾，好像在欢迎他。放牛伢子跟鱼一阵逗乐，想起自己身上带的米饭坨——那是他的中午饭，预备饿的时候在山上呷（吃）的。他小心地掰一点，放到水里，饭粒晃晃悠悠落到水中，鲤鱼尾一摆，往上轻轻一跳，把饭粒接住。细伢子又掰一点，再放到水里，小鲤鱼又高兴地接住，还向上翻了个跟头，跳出水面，像是在感谢放牛伢子。放牛伢子的午饭，不知不觉全都喂了鱼，他晓得鲤鱼一时吃不得这么多，但他想的是，他走以后，鱼还有没有东西吃……

此后，放牛伢子隔一两天就要到山上给鲤鱼送吃的，时间长了，他跟鱼交上朋友，鲤鱼不再怕他，一看见他来，就浮出水面，放牛伢子也从未伤害过小鱼……

红鲤鱼没辜负放牛伢子的一番好心，眼见着它愈长愈大，愈长愈长，小小的水潭容不下它啦。

　　不巧，放牛伢子的举动被大户人家的少爷两兄弟晓得，他们闲得无聊，跟在放牛伢子后面。他们看到放牛伢子喂养的大红鲤鱼，高兴地叫起来："哎呀！快抓上来。"

　　放牛伢子没料到有人会跟在他后面，他求少爷们不要抢走这条鱼，少爷们哪里肯听，挽起衣袖，伸手要捉，哪里晓得那一池潭水看上去浅，实际上深得很。眼巴巴看着鱼在水里游，就是捉不到，两个少爷怒逼放牛伢子下手，放牛伢子不干。少爷们从不远处滚过来一块大石头，要砸到水里去。放牛伢子急了，紧紧扳住石头，不让它滚到水中，少爷们用力一推，把放牛娃推到一边，再一用力，石头骨碌碌滚到潭中。

　　听得"轰隆"一声巨响，水花四溅，红鲤鱼跃上云端，变成一抹彩虹；少爷两兄弟，刹那之间，不晓得被大水冲到什么地方去了。放牛伢子安然无恙，一切都平静下来的时候，红鲤鱼生活的那口潭水，竟消失得不留一点点痕迹，当放牛伢子伤心地回到自己的家，却见门前的水塘，一尾尾红鲤，像彩霞泛着金光……

　　毛泽东8岁时在外婆家碰到耍狮子的，有乡间艺人赞

土地^①，听得来了兴味，他也赞四句：

狮子眼鼓鼓，擦菜子^②煮豆腐。

酒放热些烧，肉放烂些煮。

这四句话被人认为是毛泽东最早的诗，其实算不上诗，只是小儿语而已，当然也能反映一定的艺术倾向。无论如何，毛泽东在外婆家度过了他人生最初的一段美好时光，他非常留恋那里的生活，在外婆家的生活经历给他未来艺术的思维开了一个小小的口。但父亲、上屋场、毛氏家族、韶山冲，是一个与舅父、唐家圫、文氏家族、湘乡县迥然不同的环境，毛泽东在韶山冲将得到一种压力下的成长而不是外婆家这样的非压力的完全宽松^③状态下的成长。

---

① "赞土地"，韶山年节时的一种十分土俗的艺术形式，用韶山土话讲押韵的句子，边唱边敲打小铜锣，见到什么就赞什么，无非是一些吉利的话，主人高兴，就赏给赞者一些钱或米。

② "擦菜子"，是韶山的一种乡土素菜，以新鲜青菜切碎放入坛子内制成，香而味美。

③ 这里的"宽松"既是指毛泽东在外婆家衣食无忧，更是指外婆、舅舅和表兄诸人对幼小的毛泽东疼爱有加，给他的心灵投下缕缕阳光。

至善至美：韶山韶乐

历史这样安排毛泽东：在他刚刚懂事的年龄，也就是在他人生"本真"的状态下，让他从外婆家回到韶山冲接受家乡的环境熏陶。从外婆家回到韶山冲，小小的毛泽东面临的压力来自物质与精神两方面。父亲外出当兵归来，刚刚开始致力于改善家庭生活条件，毛泽东得按父亲的方式过节俭的日子，而不能再过像外婆家那样富裕的日子；压力的另一方面在于父亲的严厉，尽管母亲仍然保有宽松，但他得时时受到父亲严厉的限制。

韶山文化的内核是舜留下来的至善至美，这是一种理想主义——至善至美或许永远都只能是一个实现不了的愿景，但她给人以念想，她总是在人生和人类发展之路的前方远远地召唤，如一面旗帜、一条地平线、一曲天籁之音，她构成人生的动力源泉，激发无尽的想象，让人们的追求永不止步，即使在极度痛苦或面临死亡之时，因有她的存在而能让求索者感受到快乐和希望，使他坚强，笑着去奋斗、奉献和牺牲，直接的成果是人类社会的进步，其副产品则是艺术的产生与发展。

　　当然，故乡的环境熏陶，更多的是在民间非正统的方面。韶山如果与江浙的一些文化发达地区或传统文化深厚的地区相比，实在不出奇，韶山冲既没有出过什么进士、翰林之类的大文化人，也没有产生过任何文艺界的大师；民间的非正统的艺术对毛泽东的熏陶，也要到知事的年龄才会发生，这个年龄正是他从外婆家回来之后的那些日子，大约有十年的时光。

　　韶山因舜演韶乐而得名，而舜所处的时代，正是原始社会晚期，与韶山的考古发现互为印证。舜到韶山，很可能为的是征服"苗蛮"，但他未用武力，而用的是至善至美的音乐（诗的起源）——韶乐。舜离开韶山后南往苍梧，望九嶷而崩（此事后为毛泽东演化入诗）。那么，韶山成为舜崩于苍梧之野之前到过的地方，或许正是舜把音乐、诗歌等艺术的灵感留在韶山，毛氏宗祠大书"韶灵毓秀"，其意即此！

　　英籍著名华裔女作家韩素音曾在她的著作《早晨的洪流——毛泽东与中国革命》中描绘："舜来到韶山，他喜欢那富饶多产的绿色平原和那闪闪发光的曲折流水。他登上山，坐在悦人的山顶唱起歌来。他设计了一种伴唱的乐器，因此，韶乐这个名称是这个地区特有的。而韶山也就是音乐之山。空中的飞鸟给舜的乐曲迷住了，都聚集到这里，其中也有凤凰；凤凰留了下来，成对地造起了窠巢。因此，韶山统称为凤凰的诞生地，是伟大的人干出伟大的事业的地方。"①

韶山在湖南省中部偏东，湖南最大的河流湘江就在她东北方向 30 多公里的地方淙淙流淌，韶山地界到省城长沙城，如果走近路只有 50 多公里。韶山冲的区域划分在明代属于长沙府湘潭县三十九都，清代属七都七甲。近代著名学者、湘潭县七都云湖桥人王闿运说，早在宋、元时即有人用诗歌来描绘韶山。元代王文彪②（清朝同治年间刊《湘乡县志》说是宋代周行子）有《韶山》诗云：

潇湘云水梦中来，犹记蓬莱进酒杯。

歌罢远游人不见，玉箫吹月过东台。

昔年辛苦读丹经，梦里瑶台月自明。

玉洞桃花今寂寞，凤音亭下竹风生。

毛泽东诞生前 156 年时，一位叫戴炯的举人在描述过

---

① 韩素音：《早晨的洪流——毛泽东与中国革命》，北京：北京出版社，1979年，第10页。

② 王文彪，字君来，元代中宪大夫金庸田司事、湘乡知州。见湘潭市地名办公室1983年2月编《湘潭历代风物诗词集》。

韶山的自然风光，回顾过毛家历史名人之后预言："湘之西有韶山，山峻以复，泉洁以长，茂林修竹，云气往来。中可烟火百家，田畴沃壤。循流而下，至铁陂，两山相峙若门。……山水秀绝必生奇才。韶山虽不在中州往来之地，赋客骚人所不到，必将有秉山川之秀，追踪古先生其人者，为国之华，为邦之望，使人与地俱传！"

王闿运在他主编的《（光绪）湘潭县志》中，以类似郦道元《水经注》的笔调，花很多笔墨来描绘韶山，韶山第一次被纳入大学者的笔端："西北山之首曰韶山。西界湘乡，东为书堂山。云湖水出焉。东南流七十里入于涟。其中多竹、兰、石炭。旧云：韶氏三女山居学道，凤衔天书至而仙去。山上有凤音亭，其阴有东台、桃花洞。"

馨香俎豆河山寿，人物风土三代前。

食德服畴先泽厚，家有藏书郭有田。

这是收录在《毛氏族谱》二修二卷中的诗歌，赞咏的是毛氏家族耕读并重的族风。

清乾隆时周定宁描写韶峰说：

从来仙境称韶峰，笔削三山插天空。

天下名山三百六，此是湘南第一龙。

《毛氏族谱》也对韶山大加赞叹：

一勾流水一拳山，虎踞龙盘在此间。

灵秀聚钟人莫识，石桥如锁几重关！

可是，桃花源式的时代早已远去，韶山美好的传说已经被天下的大乱，尤其是列强炮舰的硝烟侵袭，韶山冲似乎也能够听到几十里之外湘江江面上外国铁壳商船的"突突"声响。

让我们把目光投向毛泽东出生后的中国：

1894年（光绪二十年），毛泽东1岁，七月，日军在丰岛海面突然袭击中国运兵船，中日甲午战争爆发；九月，北洋海军在黄海遭遇日本海军，爆发黄海海战；十月，慈禧太后六旬万寿，国将不国，朝廷竟然还在接受朝贺；十一月，封建帝制的掘墓人孙中山在檀香山成立兴中会，提出"驱除鞑虏，恢复中国，创立合众政府"的革命纲领，兴中会成为中国第一个资产阶级革命团体。

1895年（光绪二十一年），毛泽东2岁，一月，北洋海军不得不在威海卫一战；四月，李鸿章代表清廷在日本马关议和，签订丧权辱国的《马关条约》，俄、德、法三国干涉，迫使日本放弃对中国辽东半岛的主权要求，此为"三国干涉还辽"；五月，康有为联合在北京参加会试的1300多名举子，上书都察院要求拒和、迁都、变法，史称"公

车上书"；八月，康有为与梁启超在北京组织"强学会"。

1896 年（光绪二十二年），毛泽东 3 岁，这年，毛泽民出生；六月，沙俄诱订《中俄密约》，攫取中东铁路权，将侵略势力伸入东北三省；八月，维新派于上海创办《时务报》。

1897 年（光绪二十三年），毛泽东 4 岁，十月，巨野教案发生，德国以此强占胶州湾，引发帝国主义瓜分中国狂潮。

1898 年（光绪二十四年），毛泽东 5 岁，四月，康有为等在北京组织保国会，以"保国、保种、保教"为宗旨；六月，光绪帝召见康有为，命充总理各国事务衙门章京。颁布"明定国是"诏书，开始"百日维新"，光绪帝诏改订科举新章；七月，光绪帝诏立京师大学堂；八月，慈禧太后复垂帘于便殿训政；九月，诏康有为结党，夺职下狱。康有为逃，杨锐、谭嗣同等"戊戌六君子"下狱处斩；光绪帝被禁瀛台，懿旨一切复旧。

1899 年（光绪二十五年），毛泽东 6 岁，九月，美国国务卿海约翰提出对华"门户开放"政策。

1900 年（光绪二十六年），毛泽东 7 岁，正月，诏通缉康有为、梁启超，毁所著书；四月，义和团入京师；五月，义和团焚正阳门城楼，杀德使克林德，清廷发布诏书，向列强宣战，嘉奖义和团为"义民"，并令各省督抚招募义民成团，借以御外侮；六月，八国联军组成；七月，光绪帝命荣禄以兵护各国公使往天津，德、奥、美、英、法、日、意、俄八国联军攻陷北京，光绪帝、慈禧太后仓皇出逃西安；沙俄在北方制造"江东六十四屯惨案"。

1901年（光绪二十七年），毛泽东8岁，九月，奕劻、李鸿章在北京与十一国公使订立《辛丑条约》，之后慈禧太后、光绪帝等自西安启程还京。

1902年（光绪二十八年），是中国比较平静的一年，正是在这一年，毛泽东从湘乡县的外婆家回到湘潭县的韶山冲，开始进入私塾读书。

南岸私塾的童音

月光光，夜光光，河里担水洗衣裳。

一姐洗，二姐浆，打发哥哥进学堂。

学堂远，兑笔管；笔管粗，兑篦梳；

篦梳滑，兑腰带；腰带花，兑冬瓜；

冬瓜木，兑菱角；菱角尖，尖上天。

天上铜锣响，地下紫罗鞭。

每当明月初上的夏夜，三五岁的韶山孩童，听虫儿啾啾，看星眼眨眨，觉凉风习习，有流水声，有人语声……这时，慈祥的老奶奶便唱起来了，一边轻摇着蒲扇，赶走小孙儿身边的蚊子。

这是一首极为清纯的歌谣，它的艺术特征浑然天成，而又至为浅近，孩童出口成诵，乃至长得很大也还记得。

这首儿歌中，充溢着友爱、姐弟之情，又诱发着孩童对"学堂"的向往。艺术手法上最突出的是流畅、明快的韵律；此外，叠字、顶真、对偶、谐音等多种修辞手法的运用，实在是学前儿童语文教育的好作品。这首儿歌至今在韶山流传甚广，生命不竭。

幼年的毛泽东常沉醉在这美好的儿歌环境当中，而且父亲也要把他送到学堂里去了。

这个时候，当兵多年的父亲归家，他开始发奋脱贫，也加意培养自己的儿子，特别是培养长子毛泽东。

1902 年（光绪二十八年）毛泽东开始脱出童蒙，到私塾读书。

在此之前，他已在外祖家唐家圫打下一些基础，那便是随表兄弟一道跟八舅文玉钦读书。不过，他只读"白眼书"（即跟着一起念，只读不写），已能背得不少东西；有时舅舅、表兄弟也教他识字。

毛泽东进的第一所私塾距毛泽东的家仅十步之遥，叫南岸。因这个地方在韶山冲小小的溪水——韶河之南隈而得名。青砖、青瓦、马头墙，檐牙高啄，是邹姓的祠堂。邹姓在湘乡算一个大姓，在韶山冲原也聚居不少人。南岸的主人叫邹春培，读过古书但年纪并不大，他在这里对十来个孩子进行初级程度的旧式教育。

毛泽东在南岸私塾读了两年。

那时的教育制度，以春季始业的多，一般没有秋季始

毛泽东启蒙的地方：南岸私塾

业，毛泽东入南岸私塾时是 1902 年春，即他刚满 8 岁不久。邹春培"不是一个随便的老师，他的书读得深，在韶山地区很有名望，韶山地区闹喜事，写对联总离不得培阿公。……"①毛顺生把儿子送到邹先生手里，一则是因离家近，二则也出于对邹春培的信任。

教室在一间小阁楼上，由木制梯子上去，可以看到木板的楼面，里面摆了七八张中式的高书桌，每张桌子前，放着两把很高的凳子（约 3 尺高），这便是学生的座位。毛泽东坐在靠西窗的第三排。

小阁楼采光不太好，屋顶伸手可触，瓦上装了几块明镜用来采光。小小的窗外，松竹摇曳，光线变成了绿色。

先生面南而坐。一张大方桌，一把太师椅，一条戒尺，一本《康熙字典》，一叠经书。没有黑板，但立有孔圣人——中国师道鼻祖的牌位。毛泽东由父亲带着上楼，首先便是向孔子礼拜，然后拜先生，同时，父亲把学俸献上。

毛家认为《百家姓》《增广贤文》《幼学琼林》是一些俗书，不读，所以毛泽东发蒙的书是《三字经》。

---

① 1968年11月17日至21日《韶山地区老人座谈会记录》，资料存在韶山毛泽东同志纪念馆。

毛泽东早在童蒙的时候就"读"过"三字经"，那是外婆教给他的儿歌：

　　啄木公，啄上堪，啄只鲤鱼二斤半。

　　爹要买，崽要看，娘要留哒过月半。

　　接哒公公婆婆吃餐饭。

　　吃的么子饭？红米饭。

　　么子红？朱砂红。么子朱？络朱。

　　么子络？茶络。么子茶？山茶。

　　么子山？桎木山。么子桎？老介桎。

　　么子老？张果老。么子樟？檀樟。

　　么子檀？酒坛。么子酒？腊酒。

　　么子腊？黄腊。么子黄？鸡蛋黄。

　　么子鸡？麻鸡。么子麻？苎麻。

　　么子柱？伞柱。么子伞？蓝伞。

　　么子栏？牛栏。么子牛？水牛。

　　么子水？泉水。么子钱？烂铜钱！

　　婆孙一问一答，妙趣横生。值得指出的是，这是一首非常"土俗"的歌儿，"土俗"之处在于，歌中讲到的数十种事物，全是农家所常见，尤其最后以"烂铜钱"嘲弄钱财权势，更为士大夫育儿所不齿。正宗的《三字经》则

比这要"雅致"得多。

《三字经》相传为宋代学者王应麟原著，明清学者陆续补充，1928年章炳麟重订。毛泽东启蒙所读当为王相所注《三字经训诂》或贺兴思注《三字经注解备要》。

《三字经》既是一部蒙书，也是一部具有初步诗歌特征的书：

人之初，性本善。性相近，习相远。

苟不教，性乃迁。教之道，贵以专。

昔孟母，择邻处。子不学，断机杼。

窦燕山，有义方。教五子，名俱扬。

养不教，父之过。教不严，师之惰。

子不学，非所宜。幼不学，老何为？

玉不琢，不成器。人不学，不知义。

为人子，方少时。亲师友，习礼仪。

……

犬守夜，鸡司晨。苟不学，曷为人？

蚕吐丝，蜂酿蜜。人不学，不如物。

幼而学，壮而行。上致君，下泽民。

扬名声，显父母。光于前，裕于后。

人遗子，金满籯。我教子，惟一经。

勤有功，戏无益。戒之哉，宜勉力。

三言诗在中国诗歌发展史上数量较少。从《诗经》《楚辞》到汉乐府、唐诗、宋词……罕见完整的三言形式（某些词中夹有三言），而《盘中诗》是个例外。

一说《盘中诗》是汉代苏伯玉之妻所作。苏伯玉赴蜀久而不归，其妻居于长安，她运用巧思制为盘中诗以叙思念之情。这种诗写于盘中，从中央起句，回环盘旋而至于四角，所以称为"盘中诗"：

山树高，鸟鸣悲。泉水深，鲤鱼肥。空仓雀，常苦饥。吏人妇，会夫稀。出门望，见白衣。谓当是，而更非。还入门，中心悲。北上堂，西入阶。急机绞，杼声催。长叹息，当语谁。君有行，妾念之。出有日，还无期。结巾带，长相思。君忘妾，未知之。妾忘君，罪当治。妾有行，宜知之。黄者金，白者玉。高者山，下者谷。姓者苏，字伯玉。人才多，智谋足。家居长安身在蜀，何惜马蹄归不数。羊肉千斤酒百斛，令君马肥麦与粟。今时人，智不足。与其书，不能读。当从中央周四角。

相比于《盘中诗》，《三字经》更世俗化，大约是从未被人视为诗歌的，而在今天看来，似乎也只能称为"准诗歌"，可是，这种形式却为不少大学问家所喜爱，从首

创者王应麟到作注者王相、章炳麟，再到诗人毛泽东。事实上，自宋代起，直到民国时期，绝大多数中国知识分子，无不启蒙于《三字经》，毛泽东即是由此开始他的读诗、写诗之路。①

如果说《三字经》是世俗的经典，在南岸，毛泽东读的就是传统的经典《诗经》。

《诗经》为中国诗歌之源，是最早的诗歌总集，原只称《诗》，儒家列之为"五经"之首。编成于春秋时代，共305篇（存目311篇，但《小雅》笙诗6篇有目无诗），分为"风""雅""颂"三大类：《风》有十五《国风》，《雅》有《大雅》《小雅》，《颂》有《周颂》《鲁颂》《商颂》。大抵是周初至春秋中叶的作品，产生在今陕西、山西、河南、山东及湖北等地。据《史记》等记载，系孔子删定，近人多疑其说。其中民间诗歌部分，相传由周王室派专人搜集而得，称为"采风"。

毛泽东从读《诗经》起开始了他的诗艺探索之路，他日后创作了大量惊世诗词，成为现实主义和浪漫主义兼备，

---

① 毛泽东1963年8月1日还借鉴《三字经》的形式写过一首《八连颂》，他还多次圈读汉代苏伯玉妻所作三言长诗《盘中诗》。

集《诗经》、《楚辞》、汉魏风骨、唐诗、宋词之大成的伟大诗人。从这个意义上说，毛泽东的诗词，堪称新时代经典的"毛诗"。

毛泽东在南岸读过的《诗经》版本，现珍藏于韶山毛泽东同志纪念馆，系清朝乾隆二十八年（1763）石刻线装本，辑录者邹梧冈。书名《经元堂诗经附考备旨》（简称《诗经备旨》），毛边纸印，呈浅灰色。长23.8厘米，宽15.1厘米，竖排版。保存基本完整，仅封面、封底边缘有小处破损，中间有3页破损；书底部有虫蛀痕迹。该书封面上，有毛泽东毛笔手书的"诗经"书名，并签有"润芝"二字，墨色苍劲，字体规范，为欧阳询体式，这是现存毛泽东最早的签名手迹。

毛泽东一生都爱读《诗经》，从少年读到老年，不仅达到滚瓜烂熟的程度，而且能活学活用。他还多次尝试用《诗经》的四言诗体写诗。

毛泽东悟性好，加之在舅舅那里已打下《三字经》《百家姓》等基础，所以在邹先生这里启蒙时便十分轻松。先生要他背书，总是难不倒他。按邹先生的规定，背书时，必须站在讲台前，背对他而立，弄得胆小而记性不好的孩子战战兢兢，一旦背错，便得遭板子打屁股、打手心。毛

泽东看不惯，先生叫他上来让他背书，他却是倒背如流，先生也拿他无法。

久而久之，同学见他读书不费力，成绩特好，便送他一个绰号"省先生"，意思是无师自通。殊不知，毛泽东读书很讲究方法，他读书很少出声，只是心里默默地记；他还学会了自己查《康熙字典》，所以认字认得快。他也不像大多数孩子那样"小和尚念经，有口无心"，他一旦用起功来，雷打不动；但他玩起来，也是忘乎所以。

不过，在南岸私塾，邹先生教书的方法全是老一套，即死记硬背。这种持续数千年的教学方法，培养了许多精通古文、书法的人才，但对于大多数人来说，这是一种机械的、苦行僧式的读书法，极大限制了儿童自由、活泼的天性。

在南岸，毛泽东与同伴极友爱。那时，大家都是提着一只饭篓，挂在小阁楼下的厅屋里，中午便在这里热了吃。在诸多同学中，毛泽东的家境算是中上，还有许多孩子，家里送来读书，已是千辛万苦，午餐就只能节省。其中有个黑皮伢子，为了说服父亲让他上学，便以饿肚子和中午上山捡柴来补偿学费。毛泽东细心地发现"黑皮"一到吃饭时便不见了。他跟踪那黑黑瘦瘦的伢子上了山，真相大白："黑皮"已捡了一大堆柴，正在挖葛根，又爬上树掏鸟蛋——这便是他的午餐。毛泽东鼻子酸酸的，于是，从来没有饿过肚子的他决定帮助可怜的黑皮。

第二天晚餐，毛泽东回家吃饭，狼吞虎咽，后来连着几天都这样，他的状态让母亲奇怪起来。文氏把儿子叫到一边询问，毛泽东如实说了。母亲点点头，再给儿子盛饭时，便用大碗，还压得紧紧的。父亲察觉时，母亲说："伢子正吃长饭哩！吃得多，长得结实，以后也好多帮你做事！"

毛泽东常把自己带的午餐分一部分给贫苦的汤子林、毛富伢子等人吃，有时发现贫穷的毛十二伢子等小伙伴没有纸、笔、墨，他就把自己的分给或借给他们用。他从来不欺侮弱小贫穷的同学，却喜欢打抱不平，与逞强的富家孩子作对。有一次轮到他帮同学蒸午饭，他拿了一坨锅底烟灰放在一个富家子弟的饭中。这个孩子吃饭时发现了烟灰，大哭大闹，不愿意吃，引起老师来追问。这时，毛泽东理直气壮地站出来，承认这是他放的。老师质问他为什么要放，他回答说，这个人平日不爱惜粮食，吃饭时搞得满地都是，吃不完的也不肯分给没带饭的同学吃，也要让他饿一餐，看看是什么滋味，使他得到点教训。弄得老师

啼笑皆非，只好批评了几句，同时也教育了那个学生。[1]

　　还有一个炎热的夏天，几个同学跑到邻居毛开四阿公的菜园去摘黄瓜吃，主人发现了，边骂边追着赶来，很多同学丢下黄瓜就跑，毛泽东却不慌不忙地喊了一声"四伯伯"，说："我们口渴了摘条黄瓜吃吃，下次就不乱搞了。"开四阿公见他敢于承认错误，是个诚实的孩子，就没有过分地责备他，还让他把摘下的几条黄瓜带回学校分给其他同学吃。[2]

　　少年毛泽东的确非常顽皮，时常搞些"恶作剧"，但从这些"恶作剧"中透露出的他的聪敏和诚实又令人深思。

---

①　据韶山冲桥头湾的毛少贤四阿公1950年在全国文联委员兼《长江文艺》主编李季前来采访时的回忆。

②　唐煦存：《毛泽东早年轶事》，见政协湘潭市文史资料研究委员会、政协韶山市委员会编：《巍巍韶峰》，出版社不详，1992年。

第二章

牛背上的畅想

他悄悄地扯下床单，把门、窗蒙上，
以免灯光透过门缝泄露他的秘密。

向往横刀立马的英雄

由于在南岸出了"乱子"，1904年春，毛泽东转到离家稍远、在南岸西边1里处的关公桥私塾。关公桥私塾的课堂办在桥边的一座茅屋里。先生是毛泽东的本家，与他父亲同辈，叫毛咏熏。闲时，毛泽东常与毛少贤、邹春普、邹建勋这些小伙伴爬上韶山嘴，走入关公庙，看关羽威风凛凛的塑像。

韶山关公桥，远处即韶峰

　　关公桥是距毛泽东家西 1 里处、在韶河上的一座小石桥。桥下水质清澈,桥畔田苗秀蔚。河岸边有一座小山,即韶山嘴,又名小韶山。山如龙头,青石岩岩,塔松巍巍。山边有座小庙,即关公庙,内塑关羽、关平、周仓神像,威风凛凛。与韶山嘴隔河相望的是象鼻山与弓箭牌山。相传三国时,关云长曾于此立马横刀,拈弓搭箭,射杀猛虎,后人为纪念这位英豪,立庙建桥,桥、庙都以"关公"命名。从这时起,毛泽东萌发了对关公的敬仰和对三国故事的热爱。

　　毛泽东的父亲毛顺生还曾给这座桥捐过钱。

　　毛泽东到关公桥私塾最大的收获不是读书,而是走近了地方文化中的关公形象(包括作为文学艺术的关公故事和作为雕塑艺术的关公菩萨)。但私塾先生"极恶,有点打人",所以毛泽东没待多久,又转到桥头湾私塾,那里的先生姓周,名少希。

　　毛泽东后来把少年时代的私塾生活称为"六年孔夫子",他读过的私塾,按时间顺序排列是南岸、关公桥、桥头湾、钟家湾、井湾里、乌龟井、东茅塘。

　　井湾里私塾所在地是一家郭姓富户的住宅,高墙大院,依山傍水。附近有一座方圆数百里闻名的佛寺,取"清风如故，溪水钟灵"之意，名"清溪寺"。寺的规模甚大，建于唐，有一千多年历史。

毛泽东在井湾里读私塾时，清溪寺香火正盛。香客往南岳衡山，必先经此进寺朝拜。毛泽东少年时跟从母亲信佛，又加之他崇拜关公（该寺内设关圣殿）并爱好诗歌，而清溪寺是毛泽东家乡诗歌、楹联最为集中之处，于是每当得闲，他便去寺内游赏。①

毛泽东到清溪寺，首先见到的是那坐北朝南、青砖碧瓦的辉煌建筑，那是他第一次见到如此壮丽的庙宇。该寺由寺门、关圣殿、大雄宝殿和观音殿组成。第一进为三开间的寺门，门额竖题"清溪山法海寺"，门联云"清风如故，溪水钟灵"。进门后，两边墙内竖立着历代重修寺碑，又见门楼有戏台，台阁雕梁画栋，正中挂匾，额曰"护国济民"。台柱楹联为"出马门，三五步走遍天下；咫尺地，六七尺做尽乾坤"。戏台两侧为厢房，台前有庭院，可容纳上千人；院两旁回廊与前后殿相通。院中有梧桐，高约 15 米。

第二进为五开殿宇，门额大书"关圣殿"，见神座上关羽双目炯炯、威风凛凛，周仓、关平各执大刀、长矛分立。

---

① 毛泽东对此寺印象极深，新中国成立后多次提及。

这些塑像比毛泽东见过的韶山冲关公庙的要大得多，而且更为逼真。

这时毛泽东正在痴读《三国演义》，见到关羽像，生出一种说不清的激动，建功立业之心也油然而生。

相传农历六月二十四日为关帝生日。在韶山，祭祀关羽成为年中一大盛事。其时，清溪寺关圣殿内，烛火通明，香烟缭绕，钟鼓齐鸣，远近百姓络绎前来，少年毛泽东也曾一睹盛况。

毛泽东曾读书的井湾里私塾

清溪寺是毛泽东平生接触到的第一座大型寺庙。对这座寺庙的体验加深了他在哲学与宗教及思想的层面对佛文化的理解；而从艺术的层面来说，他则第一次集中观赏和感受了建筑、书法、雕塑、碑刻乃至音乐的魅力。

莫让天井关住自己的梦

1906年秋，毛泽东转到井湾里读书。井湾里是毛泽东读过的私塾中离家最远的一所，距上屋场有七八里，地处韶山冲东北口上，韶河挣脱群山的拥抱，由此跳涧而出。

毛泽东穿着一件黑色土布衣服，脑后留着辫子，正月间来到井湾里寄宿读书。他读的"正书"是《春秋》《左传》等，老师出"破题文章"，毛泽东作得快，总是交头卷，除此之外，还能帮人代劳。[①]

老师叫毛宇居，是毛泽东五服之内的堂兄。其父毛福生即毛泽东的堂伯父，与毛顺生关系密切。毛宇居谱名泽启，字先甲，号宇居（又写作蕊珠），别号守一子，自称

① 据毛泽东的同学刘授洪1973年2月（时年79岁）回忆。

韶山小隐人。清光绪七年（1881）六月生，比毛泽东大
12岁。毛泽东到他门下时，他年方25岁。

　　毛宇居的教学方法还是老一套，加之年轻，又与毛泽
东属同辈，所以毛泽东有些不买他的账。毛宇居1960年8
月回答采访者时说：

　　我在韶山下面的井湾里，有七八个学生，都是寄宿，
读的是《春秋》。《春秋》不容易讲解，就讲解了一些。
主席天分很高，记性好，点了的书都背得。这时开始作文。
在这里，主席最喜欢看小说，看的是《三国演义》、《水
浒传》、《说唐》（《说唐演义全传》）等。当时私塾的
规矩认为小说是杂书，不准学生看。他总是偷着看，见我
来了，他就把书放在小说上面。后来我发觉了，就故意多
点书，让他背，他都背得出来。

　　据毛泽东的同学刘授洪说，毛泽东坐的地方是在横堂
里，靠毛宇居住处的右边。他与毛宇居"关系不大对劲"，
毛宇居有时会动手打人，有一次毛宇居打了毛泽东一下，
毛泽东就不读了，父亲将儿子"押"走，路上碰到李漱清
先生，李先生在父子之间作了斡旋，毛泽东才答应再回井
湾里去。可是不久，毛泽东又与毛宇居闹僵，毛泽东抛给
"大哥"一首《井赞》，便一走了之，诗云：

天井四四方，周围是高墙。

清清见卵石，小鱼囵中央。

只喝井里水，永远养不长。

"天井四四方，周围是高墙"，这就像《诗经》中"参差荇菜，左右流之"和"关关雎鸠，在河之洲"那样的写法，即"先言他物以引起所咏之词也"，要表达一个意思或说一个道理，不直接说，而是先描写一下与其相关的景物，这样做的好处是更形象，也更吸引人。天井，这里不是指一般四合院中用来采光的那种天井，而是指室内露天空间中的一口水井（也可能是天井中的一口水井）。这个井虽然不深，但水很清，所以毛泽东第三句有"清清见卵石"。天井周围是何景象？是高高的围墙。围墙起的作用是防止外界的干扰，但同时也禁锢了内部的事物。这是毛泽东对他就读的井湾里私塾的真实描绘（笔者曾到过其地，亲历其境）。

这两句既是写实，更是有所喻，就是把天井和高墙比喻为限制自由思想的旧式教育方式和场所。

那么在这中间受到限制的是什么呢？是"卵石"和"鱼"，但主体是"鱼"，因为"卵石"无生命，无所谓，只是为了表达水的清，而"鱼"则是被严密禁锢的生命。水虽然清，

有什么用？在这个围墙中间的小小天井，鱼是不可能生长的，更是不可能长大的。为什么？井水无法流动、太缺乏营养，也不能给"鱼"以到大风大浪中去锻炼的机会，"鱼"当然就会尤所作为。

毛泽东以"鱼"自喻，表达了他对这种封闭式教学的强烈不满和要离开这个高墙到外面闯荡的渴望。这也正是少年毛泽东人格特征和生活经历的写真。

这是传说中毛泽东写得最早的诗歌，此诗对于了解少年毛泽东的人生轨迹，有重要的认识价值。它的艺术水准虽然不能同他后来大量的成熟的作品相比，但也有可喜可读之处。这一时期，毛泽东读了《诗经》《唐诗三百首》这些纯正的诗歌集，也读了诸如《三字经》《增广贤文》等带有诗歌特征的通俗读物，受两者的影响，这首《井赞》兼有比兴和言志的成分，而且明白如话。

这个时候家里需要劳动的帮手，于是毛泽东结束了四年多的私塾生活。他将去体验另一种生活，这也意味着他将由从课堂上接受艺术教育而转向从民间和大地接受"艺术"教育。

不是做生意的料

　　父亲毛顺生在专心致志地积累财富的同时，开始感觉到来自妻、儿的阻力——他们愈来愈看不惯他唯利是图的处世方式。毛顺生为了发财，甚至不顾兄弟之情。毛顺生的伯父毛恩农，当初分得17亩田，到其子毛菊生，即毛顺生的堂弟手上时，已穷困得不得不打算卖出田地，毛顺生趁机想把堂弟的7亩田以低价买进来。不料妻、儿却不赞成他乘人之危，而主张资助毛菊生，但毛顺生"什么劝说都听不进去"，硬是把毛菊生在桥头湾的7亩田买了回来。

　　毛菊生把田卖给毛泽东的父亲后，生活更加无着，毛泽东与母亲便送去白米、腊肉，或以其他方式接济。

　　还有一些没饭吃的人到上屋场来借米，父亲不在时，毛泽东也与母亲一起堆起升子①量。他还常常通过碓屋的窗户从屋背后把大米送给讨饭的人们。

　　毛泽东的父亲继续"聚财"，这笔财产在那个小村子

———————————

① 韶山乡间量米用具，1升为0.5～0.75公斤。

里已被认为是大财了。他的资本增加到了两三千银元，而另外一些人，却连饭都没得吃，毛泽东认为父亲不应当那么刻薄、自私，而应该生出些怜悯之心。毛泽东便以消极的态度对待父亲在发家之路上的雄心勃勃：他舍下自己家缺水的田，去帮人家车水；一场大雨降临，他没有跑向自家的晒谷坪，却奔往邻居毛茂生家晒的谷子，结果招来父亲的斥骂，他理直气壮地说："我们家谷多，冲走一点不要紧。他们家就只那一点点，冲走就没饭吃了……"

父亲让他去张公桥彭厚锡堂接130块银元回来，在那里，他碰到彭家横屋的一个穷老太婆，便给了她3块银元。回到家，父亲左数右数，还是不对数，毛泽东便说："掉了三块到塘里去了。"父亲说："你会洗冷水澡！""我下去摸了，没摸到。"毛泽东回答。

父亲将信将疑——因为他的儿子是不撒谎的。等到另一次他让儿子去赶猪时，便彻底认清了毛泽东不是做生意的料。毛顺生买了一头猪，放了定钱，但没带回来，过了10多天，他让儿子去赶猪回来。毛泽东到了那家，猪主人唉声叹气："你爷老子行时，我背时——如今猪价涨了，我白白丢了几块钱……"毛泽东问放了多少定钱，答"5块"，毛泽东说："你把钱退给我，我不赶猪了。"

毛泽东的这些行为是父亲极不能容忍的，母亲却暗中"怂恿"和"包庇"他，这一切正符合文氏的善良之心。她给儿子做了两身新衣裳，没几天，便发现其中一件不见了，一问，原来是毛泽东在路上碰见一个青年，在寒冷的天气里冷得打战，他便脱下自己的新衣裳送给了那人。母亲知道后，称赞儿子做得对。

　　毛泽东采用上述种种温和的方法对付父亲时，母亲是赞成的，但她主张间接打击的政策，凡是明显的感情流露或者公开反抗"执政党"①的企图，她都批评，说这不是中国人的做法。随着年龄的增长，毛泽东的不满增加了。毛泽东越来越公开地与父亲对抗起来，这使得他离母亲那种逆来顺受的柔性越来越远——他的天性本就有与父亲相交叉的地方，这就是刚烈，而通过抗争，他的这种天性愈来愈明显……

　　毛泽东整个少年时代都贯穿着与父亲的抗争，进而上升到与族长、与封建家族制的抗争。

　　父亲毛顺生身上有明显的多重性。他既具有中国下层劳动者一些最优良的品质，如勤劳、坚忍、俭朴，他又属于为儒家伦理深深熏陶的传统式中国人；同时，他也受到

---

① 毛泽东与斯诺谈话时幽默地这样称父亲。

了商品经济的冲击，变得精明，会打个人算盘；由于他在部队中待过几年，性情强悍又勇武，但脾气暴躁，在教育儿子上即表现得过于严厉，近乎专横。

这样看来，毛顺生是一个充满矛盾的人物。毛泽东对他的父亲，在少年时代是充满"敌意"的，父子之间不断地论争，而毛泽东本人正是在激烈的论争中锻炼了自己，也形成了一种十分刚烈的性格。然而，父亲的近乎严酷，也对儿子产生了一生的影响，使毛泽东在自觉或不自觉中接受了父亲的积极面和消极面。毛泽东性格的形成，不能忽视他少年时代所受到的来自父母双方交互磨砺的影响！

父亲对毛泽东的影响之深，持续到他出乡关以后。毛泽东最为全面、细致地描绘父亲，是在1936年与斯诺的谈话中关于父亲的生平事迹的讲述，研究者的史料也主要得于此。毛泽东对父亲的描绘给人总的印象是：少年时代，父亲是作为他对立面的存在。毛泽东丝毫不隐瞒自己的"不孝"，甚至还对他有胆、有力反对"老子"的行为津津乐道，他时常幽默风趣地与人说起自己少年时代的那些事，这中间也暗藏着某种"沉重"。我们从毛泽东的叙述中看得出，他对父亲的克勤克俭、精明能干是肯定的，但对父亲的自私、专横是强烈不满的。

毛泽东曾说："但当我十三岁时，我找到了一种有力的理由和父亲辩论，我引据经典，站在父亲自己的立场上和他辩论。父亲常喜责我不孝和懒惰。我则引用经书上的话来和他相对，说为上的应该慈爱。至于说我的懒惰，我的辩解是大人应较年轻的人多做工作，而父亲的年纪既然比我大上三倍，他应该做更多的工作。并且我说我到了他那样大的时候，我一定比他更出力地工作。"

一边劳动，一边自学

　　毛泽东的整个童年与少年时代，生长在乡村山野、田间地边。他的故乡，是日出而作、日落而归的环境；他的家庭也是劳动者的家庭。早在五六岁时，他就开始零星劳动，在唐家圫的劳动如扯猪草、放牛、捡柴，还带些许娱乐性质，待回到韶山冲后，他便正式在父亲领导下从事振兴家业的生产活动。

　　他与毛春成一起用土车子推粪，毛春成要他少推一点，毛泽东讲："你老人家能搞得，我也搞得。"结果，他硬是推了满满一车，咬牙上肩，下坡时没撑住，车轮

一扭，车子翻了……他并不泄气，把撒了一地的粪撮起来装好又推。毛春成怕出事，便喊毛母文氏来劝他不要推这么多。

毛泽东干农活也非一味"霸蛮"，他会动脑提高效率。他与小伙伴一起看牛，上下屋一共是十几头牛，七八个人一起放，每早要放两三个小时，每个人带着箩筐和刀，他让两个最小的看牛，两个大一点的砍柴，另两人割草。放了牛回来，又分了草，又分了柴。

他常去对面的象鼻山放牛，也常把大家分成看牛、割草、采野果子三个组，最后平均分配劳动果实，但他自己那份不要，拿了野果子对天一抛，谁抢到归谁。①

他还学会了许多农活：犁田、插田、收割、砍柴、种菜……1904年，他到屋对面坟山去扒柴，摔了一跤，把脑壳摔破了。

经过一段时间的经验积累，他甚至可以给一些成年的农民提出一些好建议。他对帮工文福生说："文四哥，你跟我看牛，我要去得早些；早上的草好些，中午去杀草，草热一些，而且中午天又热，就不要去了。"

---

① 据毛泽东的儿时伙伴文九铭、周汉生回忆。

他喜欢把牛放到塘里去，用篦子篦牛毛；热天蚊子多，他把杀来的青草放在牛栏门口让牛伸出头来吃，这样，牛栏里干净些，就不会逗蚊子。他每天还要把牛粪扒出来，以免牛弄脏后容易生病。

　　父亲忙于做生意，一个月里有半个月不在家，农活都是毛泽东和帮工做，包括种菜、挑水。二三月时，要犁田了。毛泽东和文福生交流经验：挖田埂，头一道田犁板要深一点，第二道不要犁得太深。田埂每年要挖一次，还要填，把土打烂就好填些。插田首先要找一个目标才插得直，插时屁股要坐水，腰直一点，能看到前面；退架子要退直，腿稍微向里面一点，退到一条线上。菜园里种菜、瓜堆土要挖得深，不要敲得太碎了。种茄子也是一样，头一回挖得深，第二回就好锄，茄子、辣椒开花时要割一些茅草，锄松浇粪以后用茅草盖上，以后就只需要浇水了。

　　插田后就要砍柴扮禾①了，毛泽东与文福生得出经验：砍柴时刀叶子要跟柴棍子去，要砍得平，蔸子要砍得矮。

―――――――――――

① 扮禾，即收稻谷。为韶山方言。

第二章　牛背上的畅想

一方面第二年能多发孙^①，又不伤刀，还要连树叶子包了砍。

毛泽东批评湘乡那边砍柴砍得不好，捆得不好，说捆柴时下面的、上面的都要伸出来一些，砍一些枞树捆在上面，这样捆得又紧又好看。他又说杀禾要杀捆手禾，一手就是一次，要对着扮桶放^②。

其间，毛泽东并未间断书本学习，"自学"这个名词开始进入他的生活——他一生中最为人称道的读书好习惯，正是在这3年劳动中养成的。

自学非常符合毛泽东的天性。他厌恶那种不给人自由的、迂腐的教育制度，而自学给予他极大的学习自由。自学，自主权全在自己，看什么，如何看，都可由他自己决定。

自学也有两大局限，一是时间，二是书籍，这也锻炼出他钻与挤、忙里偷闲、高效率阅读的习惯，这对他一生的事业影响甚大。

当毛泽东自认为保质保量地完成了父亲交给的农活时，他便躲到山上树荫里，寻一个好去处——一座古墓中或者

---

① 指发新芽。这一段资料据毛泽东家的帮工文福生回忆。原件存于韶山毛泽东同志纪念馆。

② 一手，即一捆；扮桶，是脱粒时用的一种木制大容器。均为韶山方言。

一棵古树下，忘情地看起书来。但这一举动最终还是被精明的父亲知道，一顿责骂在所难免。毛泽东据理力争，带父亲到田边检查他做过的农活，结果他干得比父亲要求的还好！父亲便加派更多的劳动量，希望儿子不去看那些"没用"的书，这样一来，毛泽东只能利用夜深人静的时候读书了。

父母入睡之后，他悄悄地扯下床单，把门、窗蒙上，以免灯光透过门缝泄露他的秘密——父亲是不允许他夜读浪费灯油的。一盏由竹筒、铁盘和棉芯制成的，以桐油或菜油或松明子（松树的油脂形成的）为燃料的小灯，挂在架子上、床边、书桌上端的墙壁上。虫在外头草丛里啾啾地鸣唱，蛙鸣如鼓，猫头鹰颤颤地叫，没有钟声，亦无更声，只有星星在幽空移位——在这古老而原始的乡村，一位引领未来中国的巨人，沉浸在书本向他展示的世界里……

韶山冲的书籍是有限的，凡是他能找到的，都读，包括《毛氏族谱》。他在卢家湾一个斋公那里借来许多书，站在桥上看，父亲刚好从外面回来，生气了，伸手要打人。毛泽东一步跳开，气冲冲地说："做生意总不要像用刀子杀人——要学和尚发善心——我要当和尚去！"父亲更火，可是抓不着儿子，便去找斋公大吵一场，怪那人把他的儿子引入"歧途"。

韶山冲的书读完，毛泽东又翻山越岭去外婆家借。唐家圫有两间书房，柜子里满满的都是书。他一到那里就看书，从早看到晚。他特别喜欢看小说，也看《盛世危言》《湘乡县志》。①

在一本算术书封面上，毛泽东工工整整地写上"中等实用算术 毛泽东"。内页写道："算法之道，先以乘除，后加减，则求之先后不紊矣！"②

书里为什么没有农民

劳动使毛泽东习得农业生产的技能，也帮毛泽东锻炼出强健的体格。他童年时身体并不十分好，七岁时曾害过一场大病③，后来他凭着一双铁腿，走过天下最难走的路，干出轰轰烈烈的事业，这都得益于早年的体力劳动。他生

---

① 据毛泽东的表兄文九铭回忆。见韶山毛泽东旧居陈列馆收集1973年2月《毛主席的青少年时代》。
② 据20世纪50年代管理韶山毛泽东故居的毛乾吉老人回忆。
③ 李季：《毛泽东同志少年时代的故事》，武汉：中南人民出版社，1951年。

于草莽，长于草莽，烈日下曝晒，狂风中穿行，大雨里"沐浴"；赤足履尖石，钻荆棘，塘里摸鱼，树上采果；挑担、挖土、掌犁、舂米……既有粗笨的农活，又有需要技艺的劳作，还有积极的锻炼。到十五六岁时，毛泽东已长得结结实实，而且身材挺拔。

毛泽东少年时代唯一的体育活动是游泳。他游得很好，大热天，他总要在南岸门前的那座大水塘里游上几圈。他能中途不休息地游三个来回，而和他同样年纪的孩子们，顶多游一个多来回。他特别喜欢在清水里洗澡，遇到天冷的时候，他母亲总是给他预备好热水，可是，他却不愿洗热水澡。

亲近土地和土地上的农民，对毛泽东的心灵产生了重要影响。他自然、深刻地认识到劳动的艰辛、劳动者的疾苦，由此培养出他农民式的生活习惯，尤其是与农民一样的喜怒哀乐，使他能站在农民的角度和立场思考中国社会的问题，这正是他一生特别重视农村的原因，也成为他事业成功的关键。

但这位"农民"显然还有与一般农民的不同之处。在一定的时期，他将从农民中走出来，逐渐站到领袖的高度。

从表面上看，毛泽东已停止他的求知生涯——如果仅仅认为课堂是知识来源的话。事实上，停学对他大有好处，

他在天地之间，在大自然与农民之间，学到了私塾里绝对学不到却更重要的东西，这使毛泽东没有发展成一个脱离民众的"纯儒"，而是在日后成为一位知民情的革命领袖。

自学，是与劳动相结合的，也就是他后来强调的体力劳动与脑力劳动相结合，这注定要让他得到特殊的收获。有一天，他忽然生出一个疑问：为什么读到的书中，写的尽是武将、文官、书生之类，就是没有种田的农民呢？他纳闷不已，后来，他通过分析，得出答案：统治者占有土地，而农民是被统治者，替统治者种田的无地位的人怎么会成为书中的主人公呢？他发誓要把这一点反过来！这是他通过劳动与学习得出的朴素民本观念。

第三章

春草春花处处鲜

毛泽东从湘潭回到韶山的家后，决心不再去当学徒。

找一位好老师

毛泽东家里吃了一场官司，父亲的山林被人家霸占，毛顺生只读过两年私塾，又不善言辞，结果有理被说成无理，白白被人占去一份产业，毛泽东趁机向父亲提出重新读书的要求。父亲想：儿子要能学会打官司，也可为自己争一口气！这于他经商有好处。毛泽东也因此得到了重新入学的机会。

这是在 1909 年，毛泽东辍学 3 年之后。这个时候的中国，已经处在如火如荼地推翻清王朝统治的资产阶级革命时期。韶山冲感受到了革命的气息，也在对毛泽东产生着启蒙和召唤。

东茅塘附近的乌龟井，有一位懂得官场世故的老先生在家授徒。"我到一个失业的法科学生家里，在那里读了半年书。"[1] 这位老先生就是毛简臣。

毛简臣是毛泽东的祖父辈，其父毛相才与毛泽东曾祖

---

① [美]埃德加·斯诺著，董乐山译：《西行漫记》，北京：生活·读书·新知三联书店，1979年，第110页。

父毛祖人为堂兄弟。毛简臣青年时代投湘军，随左宗棠部队远征新疆，充当钱粮师爷；他善于记账，能双手打算盘。他回乡后，于1900年在家办私塾。毛顺生把儿子放到这位先生那里，自然是放心的。

毛简臣在教学上的确也有他的一套。他本人幼年只读过《三字经》《幼学琼林》《论语》等，但他见多识广，尤其写得一手好字，毛泽东家附近的"引凤亭"匾额就出自他的手。他的口才也好，有雄辩之才，好打抱不平。但1909年前后的毛泽东，求知欲颇强，他不喜欢学打官司，在毛简臣门下只读了半年，就转到他非常敬佩的毛麓钟先生那里去了。

毛麓钟是毛泽东平生最后一位塾师，同时，也是毛泽东少年时代六七位先生中最为超凡、对毛泽东一生影响极大的人！可说是这位先生培育了毛泽东最基本的一些特质，并在一定程度上影响了毛泽东的人生走向。

毛麓钟是毛泽东五服之内的一位堂伯父。毛麓钟父亲名恩甫，祖父名祖基，即毛兰芳，曾祖父名祥瑟，高祖父名际耀，毛际耀也就是毛泽东父亲的嫡亲高祖父，故毛麓钟与毛顺生乃共高祖的堂兄弟。

毛麓钟的家在东茅塘。早在毛麓钟祖父毛兰芳时，就在这里创办了一所私塾，叫作面山楼，成为韶山冲最出名、成绩最优的私塾，面山楼培育了一位国子监监生毛福生和一名清末秀才毛麓钟，而毛泽东的父亲，尤其是毛泽东本人都在面山楼读过书。

毛麓钟兄弟共五人，即贻谋（福生）、贻训（麓钟）、贻读（寿生）、贻谟（喜生）、贻诒（全生）。其实，麓钟本名"禄生"，他的父亲以"福禄寿喜全"给五个儿子取字，自然是希望儿子们能使家庭享尽荣华富贵，既有福，又当官，还长寿，皆大欢喜！五兄弟中，毛福生是个典型的老式夫子，于经学颇工，他也是唯一一位能使我们有幸目睹其容颜的毛泽东的堂伯父，因为1919年冬，他陪毛顺生到长沙治病，与毛泽东、毛泽覃留下了一张珍贵的合影。五兄弟中，志趣最高雅的是毛禄生。他不喜欢父亲取的这个俗气名字，而自作主张，谐其音，改为"麓钟"，意即"韶麓钟灵"。事实上，毛麓钟也确是一个堂堂正正、超凡脱俗而又博学多才的人物，同时也是一位乡间学者和诗人。

他生于清朝同治五年（1866）十月二十四日午时。年少时，受祖父毛兰芳熏陶，毛兰芳以诗书帮他启蒙，并给他取学名"绍芳"。大哥福生入京城深造，进了国子监，给他鼓励很大，他发奋攻读，学有长进。大哥回乡后，更

给他直接指点，毛福生又主动承担家务，让弟弟专心治学。毛麓钟参加童试，终于中了秀才，成为韶山冲屈指可数的一位学子。

随后，他随清军提督沈茂胜（系韶山冲人）游幕江南，襄办军务；接着又走武陵，为一何姓参军当书记官，每到一处，便吟诗作赋。他仍希望进学，曾三次参加礼闱考试，但正值世道变迁，科举废除，学校兴起，于是接受戊戌变法新思想，改事新学，关心时事。

甲午中日战争中国惨败，八国联军入侵，毛麓钟极为愤慨与失望，他慷慨激昂地说："旷观宇宙，览尽天地，前因后果，一无可恃，而可恃者惟在我横尽山川！古往今来，一无可恋，而可恋者惟在目前！"意思是，放眼宇宙，看尽天地，追前世来源，观后来结果，没有任何东西可以依靠，可以依靠的只有我们自己踏遍万水千山！从古到今，没有什么东西可以留恋，可留恋的只是在当下（既不要迷恋过去，也不要空想未来，只有立足现实）。毛麓钟用这样的话来激励他的学生，说的是一人一国必须自立，正视现实，才能抵挡"美雨欧风"[1]的冲击。

---

① 出自清代秋瑾《精卫石》第五回："美雨欧风，顿起沉疴宿疾。"

然而，毛麓钟感到了势单力孤，于是，他像他的祖父毛兰芳当年一样，愤而回乡，联络当地士绅创办学校，举办团练，处理乡镇事宜，而功劳最著的，就是接办祖父留下来的面山楼私塾。他将希望寄托在他的下一代，亦即"教育救国"。

　　他的下一辈中，果然出了一名旷世英才！

　　毛顺生别无胞兄弟，作为堂伯父，毛麓钟当然与毛泽东家关系十分亲密，更重要的是，毛麓钟走南闯北，见多识广，思想又开明，在乡族中声望颇高，毛顺生十分敬重他。

　　毛麓钟慧眼识才，将毛泽东收为学生，几经周折，毛泽东登上了面山楼，虽只有半年多时间，却胜过以前四五年学习的收获。

　　毛泽东读过一本叫《盛世危言》的书，他非常喜欢这本书。该书作者是一位老派改良主义学者，他认为中国之所以弱，在于缺乏西洋先进的发明创造——铁路、电话、电报、轮船等，所以想把这些东西传入中国。[①]

　　与他此前读过的中国旧小说，如《精忠传》《水浒传》《隋唐演义》《三国演义》《西游记》相比，《盛世危言》

① ［美］埃德加·斯诺著，董乐山译：《西行漫记》，北京：生活·读书·新知三联书店，1979年，第109页。

已大大进了一步。那些小说，虽然讴歌造反，但"只反贪官，不反皇帝"，对整个封建制度并未加以否定，小说中仍浸透着浓厚的儒家礼、义、忠、孝、廉、耻观念，最后指出的道路也往往是"招安""皈依"。《盛世危言》虽仍属"改良"的范畴，但这本书向少年毛泽东展示出一幅眼前的民族危亡图，使毛泽东深感切肤之痛。

毛泽东也开始有了一定的政治觉悟，特别是读了本关于瓜分中国的小册子以后。他几十年后还记得这本小册子的开头一句："呜呼，中国其将亡矣！"这本书谈到了日本占领朝鲜、中国台湾的经过，谈到了越南、缅甸等地宗

少年毛泽东读过的《盛世危言》

主权的丧失。他读了以后，对国家的前途感到沮丧，开始意识到，国家兴亡，匹夫有责。①

到这个时候，毛泽东已经过长达近十年的读书—劳动—读书过程，身心得到极大的锻炼。他的性格日渐成型，他的思想之光日益显露。到1910年，他已是一位身体强壮，个头很高的青年，更重要的是，他已显露出不同于同龄人的非凡特质：对真、善、美的憧憬和追求，不苟同、不顺从的个性以及日趋明朗的爱国、爱民情绪。

毛麓钟先生鼓励毛泽东走出韶山，走向更广阔的天地。

湘潭城里的学徒

时势造英雄，用在毛泽东身上非常恰切。历史注定毛泽东的脚步要迈向外面的世界，国内外、省内外和从长沙到湘潭一带发生的一系列重大的政治、经济事件深深刺激着毛泽东，促使少年毛泽东思想升华，召唤着他走出乡关。

---

① [美]埃德加·斯诺著，董乐山译：《西行漫记》，北京：生活·读书·新知三联书店，1979年，第111—112页。

毛泽东从 1893 年出生到 1910 年走出韶山，这十六七年中国形势的主要特点是：列强加紧侵略中国，民族危机到达顶峰。1894 年 7 月到 1895 年 4 月的甲午中日战争，使中国遭受又一次奇耻大辱。当时的韶山人中，有不少人（如张敬先[①]、毛麓钟）投身湘军，亲历民族灾难，毛麓钟等人还把这些信息带回韶山。

毛泽东读书后的几年时间，时势依旧险恶，但正在发生革命性的变化。

1903 年（光绪二十九年），毛泽东 10 岁。三月，光绪帝为谒西陵下诏修铁路。五月，邹容从日本回国，发表《革命军》，提出了开创"中华共和国"的口号。

1904 年（光绪三十年），毛泽东 11 岁，仍在私塾读书。四月，英军入侵西藏，西藏人民展开江孜保卫战。六月，英军攻陷拉萨。十月，光绪帝见奥、德、俄、比诸国使节于皇极殿。日、俄爆发争夺中国东北的日俄战争。

---

① 张敬先（1829—1895），字伟卿，派名大雄，现韶山市杨林乡联邑村人。1851 年（咸丰元年）入湘军，1865 年（同治四年）保荐为总兵官，八年升提督，1894 年（光绪二十年）驻军浙江定海。死在任上。

1905年（光绪三十一年），毛泽东12岁，就读于韶山桥头湾、钟家湾私塾。八月，孙中山在日本成立中国同盟会，提出"驱逐鞑虏，恢复中华，建立民国，平均地权"的政治纲领。清廷派五大臣出洋考察，为立宪运动作准备。这年，由于美国迫害在美华工而激起抵制美货运动。

1906年（光绪三十二年），毛泽东13岁，秋，在井湾里私塾读书。正月，醇亲王载沣之子溥仪（即宣统皇帝）生于醇王府。

1907年（光绪三十三年），毛泽东14岁，在家务农。八月，光绪帝病重。

1908年（光绪三十四年），毛泽东15岁，仍在家务农。十月，光绪帝病危。光绪帝逝于瀛台涵元殿，终年38岁；次日，慈禧逝，以皇后叶赫那拉氏为皇太后。十一月，溥仪即位于太和殿，以1909年为宣统元年。

在清朝最后一个皇帝溥仪登基后的宣统元年，毛泽东复学，他在东茅塘的堂伯父那里了解到天下大势，并读到一本提到"呜呼，中国其将亡矣"的书！从此发奋而起，不久即离开家乡。

毛泽东出生前后，中国发生了一系列重大事件，随着毛泽东年龄增长和眼界渐开，这些事件越来越成为他的心

中之痛（他与民族、国家、人民一起痛着），但这也越来越成为他奋斗的动力，贯穿他人生的始终，无论是他青年时代的卧薪尝胆，还是他中年时期的浴血奋战，乃至他革命成功之后仍然不敢有丝毫懈怠，带着国人朝着强国之路前行，"雪耻"都是他的原动力。

20世纪初，曙光照亮中国大地，资产阶级革命运动蓬勃开展起来，清末革命团体华兴会，便是1904年2月成立于长沙的。后来，辛亥革命中地位仅次于孙中山的华兴会会长黄兴、武昌起义原定总指挥蒋翊武、云南新军统领蔡锷都出自湖南！而这时，最终带领中国人民站起来的领袖毛泽东也在迅速成长。

湖南人的血性在世纪之交时达到壮怀激烈的程度！无数的岳飞式的英豪在湖南大地横空出世！就连原籍浙江绍兴的女中英豪秋瑾，也远嫁湘潭①，在这里积聚革命的豪情，她在湘潭写下这样的壮烈诗句（节选）：

---

① 秋瑾1894年随父到湘潭，1896年，嫁给湘潭人王廷钧，在湘潭居住长达8年，育有1子1女，其故居在湘潭由义巷。8年里，她读书写诗习武，为以后投入反清斗争打下了坚实的基础。

宝光闪闪惊四座，九天白日暗无色。

按剑相顾读史书，书中误国多奸贼。

中原忽化牧羊场，咄咄腥风吹禹域。

除却干将与莫邪，世界伊谁开暗黑？

斩尽妖魔百鬼藏，澄清天下本天职。

他年成败利钝不计较，但恃铁血主义报祖国！

秋瑾的艺术才情与她的革命激情融合在一起，反映着湖湘大地的实际情形。湘潭的风气自然也波及韶山。

毛泽东的父亲在湘潭城里有位经商的堂兄弟叫毛槐林，比毛顺生大两岁。毛顺生与毛槐林从小生长在韶山冲，常在一起玩，亲如手足。长大后，毛槐林上街学商。光绪年间，毛槐林在湘潭十八总沙湾里开设宽裕枯粮行，在商界颇孚信誉。毛顺生在韶山冲常年所需物资如枯饼、黄豆和自己多余的粮食，都靠宽裕枯粮行代为进出。"我父亲决定送我到湘潭一家同他有来往的米店去当学徒。起初我并不反对，觉得这也许是有意思的事"[①]。毛泽东在去东山高等小学堂求学之前，的确有过一段短时间的学徒经历。这是他

---

① 毛泽东自述。[美]埃德加·斯诺著，董乐山译：《西行漫记》，北京：生活·读书·新知三联书店，1979年，第112页。

一生中第一次进城——他在六年前，即 10 岁时，曾因与私塾先生的冲突而试图到县城去，但转了三天终未转出韶山冲。这次他如愿以偿，也成为他人生中唯一一段学做生意的经历。

毛泽东到湘潭城内的宽裕枯粮行后，与族兄，即毛槐林之子、大他一岁的毛泽裕一同起居。族兄带他到这座古老城市的街上到处看了看。他平生第一次见识了闹市——当时湘潭商务繁盛，南来北往的大宗货物均以此为中转站，被称为"金湘潭""小南京""湖南巨镇"。他还第一次看到了大河——湘江，当年舜帝即在此登岸往西，巡狩韶山。

湘潭是一座文化古城。这里有过杜甫、褚遂良、刘禹锡、杜荀鹤、揭傒斯、米芾、周敦颐、胡安国、朱熹、张栻、秋瑾等文人、学者或革命志士的足迹。

唐代著名诗人郑谷曾立在湘江边描述：

湘水似伊水，湘人非故人。

登临独无语，风柳自摇春。

许浑《送客南归有怀》写道："绿水暖青蘋，湘潭万里春。瓦尊迎海客，铜鼓赛江神。"诗僧齐已《湘江渔父》诗云："湘潭春水满，岸远草青青。有客钓烟月，无人论醉醒。"

只是毛泽东不得不整日与大米、算盘、商人打交道，他"深感弃学就商前程暗淡，心情很不愉快"。他变得"懒散"起来，稍事招待客商之后，便躲到楼上读书习字。毛槐林晓得侄儿并不安心学做生意，等毛顺生到店里来，毛槐林便告以实情。[①]

毛泽东到湘潭最大的收获是感受到了这个地方的文化气息，特别是进步的风气和湘潭人的血性。他不想长期与钱粮打交道，他想继续读书，他开始对湘乡神往起来，父亲起初却不同意。于是毛泽东请来七舅、八舅和表兄文咏昌、王季范及堂伯父毛麓钟，还有韶山冲的一位新派人物李漱清做说客。

李漱清（1874—1957），比毛泽东大 19 岁，家在韶山冲陈家桥。他毕业于湘潭师范和长沙法政专科学校，学的是新学，颇受康有为、梁启超思想影响，倡导改良主义。他回乡后创办李氏族校，被称为"激进派"教师。因他反

---

① 据毛槐林之孙毛信华：《毛主席在湘潭市部分历史事实的回忆》。见中国人民政治协商会议湖南省湘潭市委员会文史资料研究委员会编：《湘潭文史资料》第一辑，1983年。

对佛教，想要去除神佛，劝人把庙宇改成学堂，大家对他议论纷纷，毛泽东却钦佩他，赞成他的主张。①

毛泽东与李先生成为忘年交。据李漱清的儿子、侄儿回忆，毛泽东经常去找李先生，李先生则向毛泽东讲述维新救国道理和爱国志士的事迹，并推荐进步书刊给他看。毛泽东还请李先生修改自己的文章。

蛙鸣带来春天

毛泽东从湘潭回到韶山的家后，决心不再去当学徒。

这一天，他清早到铺里买了肉，到塘里打了鱼。厨子也进了屋，杀鸡办菜，搞起蛮大的场伙。

毛泽东对父亲说："爹！今天家里有客来，你老不要出去哒。"父亲心想：你人细鬼大，搞咯大的场伙，问都不问我一声，看你搞出什么鬼来。也就忍住没作声。上午九十点钟，客人陆续到齐，无非是叔叔、伯伯、舅舅、

---

① ［美］埃德加·斯诺著，董乐山译：《西行漫记》，北京：生活·读书·新知三联书店，1979年，第111页。

姑父、姨父以及地方上体面人物等。两桌客，堆满大碗，喝酒谈天，好不热闹。不过客人们心里都不明白：顺爷公今天什么事情请客，到咯时候还没漏出半个字。润芝请客的时候，只说我爹有件重要事，请各位商量做主。某月某日中午，请到舍下喝杯水酒。管它呢，吃过饭自然明白。

吃过饭，泡上茶，毛泽东把父亲和客人都请到堂屋里坐下，自己站在下面，躬身说："今天出动了舅舅、姑父、姨父以及各位长辈，我爹也在这里。我有句话要当着各位长辈讲讲。我今年说大不算大，说小也不算小，如今世上，要想做点事，非多读点书不行。乡间呢，先生说要读的我都读了，要读洋书子，非到湘乡、湘潭、长沙去不可。我看我家还吃得成饭，送我去城里读书的钱还有。今天我当着各位长辈的面，正式向爹提出，要到湘乡出名的东山学堂去读书。"

毛泽东的话一出口，他父亲心里在打算盘：我伢子鬼主意倒不坏，有点用。只是到湘乡读书，每年要不少银花边。

请来的客人，个个都夸赞毛泽东有胆量、有见识、有主意。更何况"吃了酒，湿了手"，都帮毛泽东说话，搬

出古今中外读书有诸多好处的话，如"满朝朱紫贵，尽是读书人""家无读书子，官从何处来""书中自有千钟粟""书中自有黄金屋"等等来劝他父亲。父亲确实也欣赏儿子的才干……加上碍于这许多亲友的面子，而且家中确实负担得起，便假意呵斥儿子，半推半就，答应了下来。①

1910 年 8 月上中旬，毛泽东的表兄文咏昌从东山学堂回家过暑假，文咏昌的父亲和伯父（即毛泽东的两位舅舅）对他说，你校下期招新生时，要带润芝去读。考试不成问题，湘潭籍能变通的，送他试一试。过了三天，文咏昌前往韶山冲，与表弟约定去东山学堂的日期。

中元节②过后，文咏昌由芭蕉潭走云盘寨的山腰过韶山岭，出滴水洞到南岸上屋场，专来约表弟赴东山学堂应考。一早吃一钵团鱼炖大蒜，他引毛泽东由石板坳走城前铺，经树泉坝过两头塘，经五里牌过绯紫桥，进湘乡县城北门到北正街豫昌公馆。

---

① 据韶山当地老人回忆。采访记录存于韶山毛泽东同志纪念馆。

② 湘中一带俗称鬼节，从农历七月初一到十五，各家各户把"老客"（祖宗和已去世多年的亲人）、"新客"（刚去世不久的亲人）的"灵魂"接回家敬奉，享用茶饭酒肉，并举行一定的祭奠仪式，十五之前送他们重赴黄泉路。

湘乡，一个有灵气的地方

　　毛泽东快意地问起县城古迹：为何街心不用石板，都用小石头？文咏昌说："此城古名龙城，街心用玛瑙小石头集成，像龙的鳞甲。前头一古井，曰伏虎井，这是古迹之一……"毛泽东注目视之，极称赞："东台起凤，涟水腾蛟！"

　　与云门寺遥遥相对，隔着涟水的就是毛泽东要去的东山学堂。他与表兄一边赶往学堂，一边交谈。毛泽东跨进学堂时非常快意，问了又问："除东山外，还有几个书院？"文咏昌说："城内东皋书院、涟滨书院属县公有。县分为

东山学堂毛泽东读过书的教室

上、中、首三里，共辖四十七里带三坊，上里有娄底市，
设一分司，有双峰书院，首里即此东山。"①

　　毛泽东远离家乡、父母，身处语言、风俗与韶山差异
较大的湘乡，尤其初来乍到之时，本乡人对他抱有"敌意"，
他自然在短时期里陷入被"挤帮"的孤立境地："人家不
喜欢我，也因为我不是湘乡人。在这个学堂，是不是湘乡
本地人是非常重要的，而且还要看是湘乡哪一乡来的。湘

---

① 据当时带毛泽东去东山学堂读书的文咏昌的回忆。原件存于韶山毛泽东同志
纪念馆。

乡有上、中、下三里，而上下两里，纯粹出于地域观念而殴斗不休，势不两立。我在这场斗争中采取中立的态度，因为我根本不是本地人。结果三派都看不起我。我精神上感到很压抑。"

毛泽东的沉静引起同窗学子的好奇。东山学堂学生来源复杂，冲突风气流行，几派相争，毛泽东总是超然其中，对此大家都有些忌恨，但一旦明白毛泽东的为人，便又都佩服起来。

熊晓春玩够了，想起坐在对面这位姓毛的，要说他书读得好，名又列在榜的后头，要说他不发奋，又真个书不离人，人不离书。好奇心动，他离座走到自修桌的前头站着。毛泽东好像没看见他站在那儿，他只好先开口，假恭维地说："毛学长的发奋读书，果然名不虚传，在看什么好书？借一本开开眼界罢！"毛泽东仍注视着他的书本，头也没转，话也没答，顺手在他的桌屉里拿一本书掷给熊晓春。[1]

毛泽东好静，喜欢读书，上课最认真，哪怕外面敲锣打鼓，他都若无其事，头都不回一下；上课时听到有问题

───────────

[1] 据当时毛泽东的同学熊晓春回忆。

的地方总要发问，有时打破砂锅问到底，问得教员无法答复……他平时看书多，读报多，看上去沉默寡言，不大作声，但喜欢和同学议论时局，议论时总是滔滔不绝，同学十分钦佩。①

本是活泼好动的他一时显得沉静，这实际上也是在沉默中积累，一俟时机成熟，他便要爆发。在这里，据说他引用过别人的一首《咏蛙》诗表达心中的情感：

独坐池塘如虎踞，绿杨树下养精神。

春秋我不先开口，哪个虫儿敢作声？②

以天下为己任

毛泽东在东山学堂结识了一位与他志同道合的朋友，这也是后来保持一辈子交情的诗友，他就是萧子暲。

萧子暲（1896—1983），又名萧植蕃、萧三，笔名天光、

①　1953年10月，毛森品与萧子暲同往东山学校时的回忆。
②　"春秋"或作"春来""春雷"。有人考证此诗非毛泽东所作，而多半是他当时引用。

埃弥·萧、爱梅（下文称"萧三"），湘乡横铺桃坞塘人。他早于毛泽东三年即 1907 年（光绪三十三年）进东山学堂，毛泽东到这里时他行将毕业离校。他虽比毛泽东小三岁，却成学长。毛泽东发现萧三（学名用的植蕃）与一般湘乡同学不同，他不"挤帮"，又专心治学，他那里有不少好书，其中有一本《世界英雄豪杰传》，毛泽东去借，萧三说："我借书有三种人不借。"毛泽东说："小弟愿意领教。"萧三说："无真才实学者不借，庸庸小人者不借，我出上联对不出下联者不借。"

毛泽东笑答："小弟不敢自命才高博学，但读书心切，请仁兄出上联吧。"

萧三借题发挥，书中讲的都是英雄豪杰，上联是：

目旁是贵，瞆目不会识贵人

毛泽东略加思索，从容应对：

门内有才，闭门岂能纳才子

萧三听到下联，满脸通红，低下头说："请恕小弟无礼，贤兄大才，愿为知己，地久天长。"①

————————

① 参《民间对联故事》1992年第4期唐意诚的文章，又见赵志超：《毛泽东与他的父老乡亲》，长沙：湖南文艺出版社，1992年。

说完，他马上取书借给毛泽东。从此，毛、萧成为至交，他们之间的诗交成为毛泽东诗歌生活中最早和最美的佳话。

毛泽东从萧三那里借得《世界英雄豪杰传》后，即细细阅读，他在拿破仑、彼得大帝、惠灵顿公爵、格莱斯顿、卢梭、孟德斯鸠、林肯这些人的介绍文字下面密密圈点。毛泽东在韶山已为梁山英雄、齐天大圣、三国豪杰激励起来的建功立业理想，被这本书鼓动得更为饱满，从而成为他人生的一大动力！他这时给自己取号"子任"，寓"我以天下为己任"之意。

"以天下为己任"这句话的典故是：春秋时期，孔子在鲁国政坛受到排挤，只好带领弟子周游列国，在卫国也没得到卫灵公的重视，他努力"推销"他的"仁政"，得不到当权者的认同，只好再次启程。在去匡城的途中感慨自己以天下为己任，到了花甲之年还在奔波，没有一个安身之所。

毛泽东之所以开始有使命感，除了现实，还有经典书籍的激发。例如"天将降大任于是人也"，《孟子》有这样的阐述：

舜发于畎亩之中，傅说举于版筑之间，胶鬲举于鱼盐之中，管夷吾举于士，孙叔敖举于海，百里奚举于市。

故天将降大任于是人也，必先苦其心志，劳其筋骨，饿其体肤，空乏其身，行拂乱其所为，所以动心忍性，曾益其所不能。

译文：舜从田野耕作之中被起用，傅说从筑墙的劳作之中被起用，胶鬲则是从鱼贩子和卖盐出身中被起用，管夷吾从监狱里被救出并受到任用，孙叔敖从隐居海滨的地方被起用，百里奚在市井中被赎买回来被起用。

所以上天要把重任降临在某人身上，一定先要使他心意苦恼，筋骨劳累，使他忍饥挨饿，使他身处贫困之中，使他的每一行动都不如意，以此来磨砺他的心，使他性情坚忍，从而增加他此前所不具备的超越常人的能力。

除结识萧三，"另外一件事值得一提，教员中有一个从日本留学回来的，他戴着假辫子。许多学生因为假辫子而不喜欢那个'假洋鬼子'，可是我喜欢听他谈日本的事情。他教音乐和英文。他教的歌中有一首叫《黄海之战》的日本歌，我还记得里面的一些动人的歌词"，这是毛泽东本人在时隔25年之后对东山学堂的回忆，他提到的那个"假洋鬼子"，应当是东山唯一一位向他介绍域外世界风情并赞成和引导他发展浪漫才情的老师，他所教的那首歌，

也成了毛泽东一生所听、所唱的第一首外国歌曲：

麻雀歌唱，

夜莺跳舞，

春天里绿色的田野多可爱，

石榴花红，

杨柳叶绿，

展现一幅新图画。①

　　毛泽东并不是喜欢这首诗的背景，即"歌颂日本战胜俄国"，但他"当时从这首歌里了解到并且感觉到日本的美，也感觉到一些日本的骄傲和强大"。当后来知道"还有一个野蛮的日本——我们今天所知道的日本"之后，他仍然喜欢这首歌，并与斯诺谈起。显然，毛泽东是忘不了这首歌的优美旋律，忘不了当年这首歌让他感受到艺术的灵动和引导他向往更广阔、更浪漫的天地。

　　东山学堂还有一间不错的藏书楼，毛泽东去得最勤。学校的书逐渐无法满足他，他便请在长沙教书的表兄王季

---

① 　这也是毛泽东在中国新诗运动兴起前10年就读到的一首新诗，亦为他一生中唯一提及并推赏的一首新诗。引自[美]埃德加·斯诺著，董乐山译：《西行漫记》，北京：生活·读书·新知三联书店，1979年，第113页。

范寄来一些，他读后，传与众人，大家都从中获益。

毛泽东的用功，除在课堂上外，课后也抓得紧。他常看书到深夜，睡得也最晚。他读书已有明显的倾向性，即有选择地读书。从文、理大方面来看，他重文，而在"文"中，他已基本撇开经、史，而着重于时论新书及外国文学，尤其是名人传记。维新派的书籍对他影响相当大——他这时是康、梁的信徒，深受资产阶级改良主义影响——"只反贪官，不反皇帝"。

《饮冰室文集》是毛泽东读得烂熟的一本书。他刻意模仿它作文，一时不为人理解，竟只得一二十分。他却不在乎，仍写下去。那日，熊晓春向他要作文看，毛泽东用左手在左边屉子里拿出用夹子夹起的一叠作文纸，差不多寸把厚，那时还只作得七八篇文章，仅半个多月时间。别人的只有七八页，最多的十几页，他的却有七八十页。熊晓春看到全卷不但没打圈，而且无点，每篇没超过二十分，与"饮冰室"的文字一样豪放壮阔，一样的句法，完全是康、梁笔法。

熊晓春起初还以为是"抄的老东西"，但愈看便愈觉新，心里也为毛泽东不平起来，他便拿起《饮冰室文集》和毛泽东的文章去找校长李元甫，说："您看这文章如何？"

李元甫只看几行，便惊讶地说："啊呀！这是康、梁笔啦！"熊晓春问："既然是康、梁笔，要得不？""好笔！好文章哎！""那又为什么只有二十分呢？"李校长说："这是张老师的意思，你莫作声，回到自修室去读书，老师今晚上有处置……"

到了晚间点名时，李元甫果然来了，他说："康、梁笔是为现代应该学的笔，只有毛泽东在这里学，熊晓春今日拿来问……这我要说明，张老师大意是大意了，但有他的说法：'做文章要快，才不会落卷，考得起学校，到处第一。'这是张老师的看法，也是他的教法呢！毛泽东的文章一做起来起码是十多页，四点钟交不出卷，总要星期一才交卷（那时是星期日下午作文），张老师认为是落卷，二十分不是文章分，是照例打的分，不过是警告他莫交落卷……《饮冰室文集》要学，这个星期的国文我来教。"

李元甫连教了几周《饮冰室文集》，毛泽东的文章总是八十几分。[①] 而从此，东山学堂校风也趋更新。李元甫可称慧眼识才的伯乐。

毛泽东在东山学堂写过《救国图存论》《宋襄公论》，

---

① 　据1960年8月湘乡县委宣传部陈光华：《访熊晓春老人的记录》。

国文老师在其文稿上批道："视似君身有仙骨，寰观气宇，似黄河之水，一泻千里。"可惜这些文章大多丢失，仅留下一些片段，如"星星之火，可以燎原；涓涓之水，可以滔天""天下无中立之事，不猛进斯倒退矣，苟畏难斯落险矣"。①

　　毛泽东的人生，从少年时代开始，一直到他成为国家最高领导人之后，都验证和实践了《孟子》中的描述，也见证了毛泽东的决心！

藏书楼内外的乾坤

　　毛泽东不仅仅是一位求知欲颇强的书生，更在为向社会迈进作准备。他的同学黄绳甫回忆说：

　　我在东山读书时，闻同学道及主席的掌故，约有数事：举凡学校措施有不合理者，或有不利于学生者，务必与校长力争得到平允而后已；生活起居有一定的准则，读书和休息均有定时；平时缄默寡言，一切行动举止，决不苟且；

_____

① 据当时毛泽东的同学黄绳甫的追忆。

遇事自有一定的主张，决不苟同或附和；遇有教员中犯有禁止学生之事而自犯不顾者，必设法以警告之，例如教员中有饮酒偷吃饮食者，或将其酒及饮食设法拿走，以作警告。此虽小事，由此足见主席在少年时即抱有先正己而后正人之思想；必求言行一致。彼时东山学堂的同学，年龄大小相差甚大，同学中时有发生争执和殴斗之事，主席定从中凭理劝解，不得有大欺小或强凌弱之事。彼时东山的学风极坏，同学们中有在农村打鸡打狗之事，甚至在晚间有用蚊帐偷鱼者，闻主席在当时甚不以为然，力劝同学切勿做此扰民之事；东山学堂地处湘乡县城对河东台山之下，每逢居期假日，主席不常过河进城，即在附近农村散步；闻常在隧笠坪农民家休息坐谈。

毛泽东个子高，喜打短装，冬天冻得两手绯红，也不着棉袍，在他的影响下，穿长衫上体操课的怪现象就绝迹了。[1]毛泽东本人说："我的穿着比别人都寒酸。我只有一套像样的短衫裤……我平常总是穿一身破旧的衫裤，许多阔学生因此看不起我。"但并非他家里没给他做一件像样

---

① 据《毛主席在东山学校学习情况综合材料》，存于韶山毛泽东同志纪念馆。

的衣服，他的同班同学舒融涛①回忆，毛泽东家里给他做了一件长袍子，但毛泽东最喜欢穿粗布短衣，不愿穿长袍马褂，先是把那件长袍放在席子底下没有穿，后来，有个老师借去穿，毛泽东就把它送给了那个老师。毛泽东还带了两床被，他看到一个校役的被子烂得不像样子，就把一床被子送给了他，毛泽东自己则与别人共睡一张床。

毛泽东在东山的生活，保持着在韶山冲时的节俭。当时请人洗衣服只要花二十个铜板，可是他总是自己洗。但他并不吝啬，他的东西——笔、墨、纸、砚乃至衣物，都不分你我，大家都可以用。

他还有意识地进行体育锻炼。他起得很早，在围墙外跑，要跑几圈；或者到附近山上呼吸新鲜空气，回来后便在河边井里打冷水洗脸。当时学校规定不准洗冷水澡，他反对这条规定，别人午睡时，他就一个人从后斋外面桃子树上吊到塘里去洗个饱，再从那个地方上来。毛泽东在东山的体育活动主要有跑步、爬山、游泳、露宿。其中游泳不只在塘里，他还常到涟水，一游就是两三个小时。夏天，

─────────────

① 舒融涛，湘乡县山枣乡城江村人。在东山学堂与毛泽东是同学，新中国成立后与毛泽东有书信往来，毛泽东曾寄钱给他。1961年病逝。

他还常拿了席子在野外山边露宿。

毛泽东初到东山尚显沉默，久之，个性渐显，他与众人交往密切起来。谭世瑛回忆毛泽东"读书时就发狠读，休息时就痛快耍"。他喜欢跟同学角力。1955年，毛泽东与旧友在北京聚会，还说："那时我个子大一点，打起架来，他们都怕架得势。你还记得吗？有一次我同你还有贺汝成在枇杷树下打过一架，我同你打个平手，贺汝成没打赢，喊了声'石哥'才收场。"

除了学习与锻炼，毛泽东在东山的活动还有社会调查。

东山学堂的老佃户易明远，人称易家三伯，住在学校的老槽门，是一般富贵学生所不齿的下人，可是，毛泽东却与他合得来。毛泽东常到他家去扯家常，谈作田的事，还帮他做事。毛泽东问易明远家里有多少人，作了多少田。易明远告诉他，家有六个人吃茶饭，作了三十亩田。毛泽东马上就说，六个人三十亩田，吃饭就饱足了。易明远告诉毛泽东，这三十亩田是学校的，还要还租的。他又问易明远要还多少租。①

---

① 据1968年8月1日，湘乡毛主席革命纪念地文家市建设办公室《访问贺汉南记要》。

毛泽东结识的另一位农民叫谭四爹，亦住学校附近，他常到谭家玩，帮忙挑水、扫地。

湘乡县城与东山学堂有一河之隔，毛泽东偶尔去城内走走。有一天，他与同学舒融涛同往，来到河边，见河水大涨，预备坐筏子过去，每人须交50钱。当时有三个穷人没有钱，在河边等着过河。毛泽东摸了摸身上，仅有200钱，他便想自己不去，把200钱交给筏子老板，让三个穷人和舒融涛过去。这时又来了一个妇女，她说，家里小孩有病，自己已没有钱，要上街赊钱抓药，毛泽东立即把钱给了筏子老板，招呼三个穷人和那个妇女过河。毛泽东又把自己的一条罩裤脱下来拿给筏子老板，并说回来时再加50钱。

老板看了一下毛泽东，说，你这位先生过去得了，做的好事不少，这次你们两位过河就不要钱了。这条裤你还是拿去。毛泽东说，这是应该给你的，这条裤就送给你算了。

开船前，筏子老板泡了两碗茶给毛泽东和舒融涛喝。到街上后，毛泽东找到一个同学，借了200钱，舒融涛问是不是拿钱去把裤换回来，毛泽东说，已经送给他了，不要去换。①

---

① 《毛主席在东山学校学习情况综合材料》，原文为舒融涛口述。

毛泽东在东山半年，又开始超越环境和自我。

虽然当时中国已远离改良主义阶段十多年，但是受环境限制，毛泽东尚处在这一阶段——"那时我还不是一个反对帝制派；说实在的，我认为皇帝象（像）大多数官吏一样都是诚实、善良和聪明的人。他们不过需要康有为帮助他们变法罢了"①。而这时的中国，很快就要发生推翻帝制的辛亥革命。

还留有一条长辫子的毛泽东，决定离开东山，去辛亥革命发源地之一的长沙了。

---

① [美]埃德加·斯诺著，董乐山译：《西行漫记》，北京：生活·读书·新知三联书店，1979年，第114页。

第四章

好男儿的诗与远方

他第一次看到一幅世界大地图，怀着很大的兴趣研究它。

孩儿立志出乡关

"井里青蛙井里跳"是韶山的一句俗语，意思是一个人见识不广，眼界不开，对外面的世界不了解，因而也不会有大出息。它告诫人们要大胆走出小天地，要主动融入社会，勇敢担当责任。

1910年下半年，湘乡东山高小的潘老师对他的学生说："泽东，你这样好的天分，为什么硬要在这里读呢？"毛泽东说："我早就想到长沙去，只要学校肯，我就走。"潘老师说："要走可以，不过，按规定，书籍费就没得退。"毛泽东说："那不合理，还有咯久为什么不退呢？"

后来有李校长的关照，书籍费破例退了。

毛泽东又找到易明远说："易家三伯，我不读了，想回去。"

三伯劝他还是读完这学期再走。毛泽东坚持要回去，请十九阿公送一下担子。易家三伯说："你等一下，他到外面犁田去了，快要回来吃晚饭了。"

不久，十九阿公回来了。三伯说："泽东相公要你帮

他送一下东西到韶山，看要多少脚力钱。"十九阿公说：
"到韶山多远呢？怕有八九十里路，来去硬要两天。"他
盘算了一下："送要得，到了你屋里，就要住一晚，吃两
餐饭。"毛泽东一口答应："那不要讲，一宿两餐那完全
是应该的。""来回两天怕要上得800钱。"十九阿公又说。
毛泽东停了一下，从口袋里拿出800钱。十九阿公马上说：
"你不还价？载不得800钱。"毛泽东说："没关系。这
是力气钱，讲了就讲了，讲了多少就多少。"

第二天吃过早饭，毛泽东把行李拿到校内石桥上，
十九阿公扎好行李，问："走哪里？"毛泽东说："从马
段过河，走正街北门出城，走大桥埠，过去走三义亭，出
周家冲，再走银田寺，就到韶山。"十九阿公说："那弯
了路，要走李子屋场门口，出钢铜弯，走文昌阁，出三义亭，
要近好多。"①

这样，毛泽东和十九阿公一路徒步，行70里，回到韶
山冲。母亲没有想到长子忽然间回来了，好生诧异。父亲以
为儿子回心转意不读书了，回来帮他做生意，满心高兴。

---

① 据《访问贺汉南记要》，见《毛主席在东山学校学习情况综合材料》。原件
存于韶山毛泽东同志纪念馆。

不料，儿子提出一个让全家人大吃一惊的想法：他要到更远的长沙城去。

父亲坚决不同意。毛泽东主意已定，并不听劝阻。

1911年春，毛泽东远行去往长沙，当父亲不情愿地看到长子渐行渐远，回过神来，心乱如麻地翻开账簿，发现泽东留下的四句话：

孩儿立志出乡关，学不成名誓不还。

埋骨何须桑梓地，人生无处不青山。[①]

此诗并非毛泽东作，原作者是一位日本人，一位与促成日本强盛的明治维新有着莫大关系的政治家[②]。

此诗传入中国最初见梁启超主编的《新民丛报》，署名西乡隆盛，后又见于陈独秀办的《新青年》。西乡的诗

---

① 据文东仙、毛乾吉等人谈论。参阅《毛主席的青少年时代》，韶山毛泽东旧居陈列馆于1973年2月收集。此诗原作为日本人月性和尚。一般认为毛泽东改写于1910年秋离乡去东山学堂时，经考证，笔者认为应改写于从湘乡回韶山再到长沙去的时候。

② 这首诗极有可能得自日本留学归来的那位老师或者毛泽东在东山学校读到的《新民丛报》。该报于1902年2月由梁启超创办于日本横滨。从创刊到1907年11月停办，前后近6年，共出版96期。毛泽东到东山学校时，该报虽停刊，但许多机构还有收藏。

其实还不是最初的版本，此诗原始版本是日本江户时代末期月性和尚的《锵东游题壁二首（其二）》：

男儿立志出乡关，学若不成死不还。

埋骨岂期坟墓地，人间到处有青山。

此诗在 20 世纪初传入中国后被广泛改用。中共一大代表邓恩铭于 1917 年小学毕业后随婶母赴山东投奔做县长的叔叔，临行前即改此诗明心志：

男儿立志出乡关，学业不成誓不还。

埋骨何须桑梓地，人间处处是青山。

广西百色起义的右江赤卫军总指挥黄治峰也改写过此诗，并在起义者中广为传诵。

此诗虽几经流传和改写，但最早的改写者还是西乡隆盛，他改此诗为：

男儿立志出乡关，学不成名死不还。

埋骨何须桑梓地，人生无处不青山。

毛泽东所改与西乡氏所改仅两字之差，因此，毛泽东此诗当为改写自西乡隆盛而不是直接改写自月性原诗。

月性未有功名，而他的诗经西乡隆盛改写后却赋予了特殊含义，成为名诗并广泛流传，影响到中国，其原因恰恰在于西乡隆盛是日本历史上的一位杰出人物，所改写的诗既打上了他个人的印记更打上了时代的特殊印记，让人回想到日本明治维新那段激情岁月，正因为这次维新，让原来如中国一般羸弱的日本强大起来，这正是此诗为中国志士喜爱的原因。

走出家乡，是无数人的梦想，正所谓"好男儿志在四方"。然而，能不能实现，却大相径庭，有的人或许一辈子也走不出家乡，家乡孕育了他的肉体，造就了他最初的精神与人格，却也常常成为他阔步前行的羁绊。怀着憧憬，勇敢地走出去，或结合着诗人、学者的梦，或负载着人生的理想，或升官、发财，或学有所成，或名垂青史，或者仅仅是在外走一遭，碰得头破血流无功而返……在湘潭城，毛泽东有过短暂的停留，县城古老的文明和近代民主革命的气息熏陶着他。17岁那年，他离开家乡。第二年，他开始真正的远行，他人生的步子迈得越来越大，也越来越坚实。

毛泽东像挣脱羁绊的雄鹰，飞向蓝天，他要用知识和阅历铸炼他的双翅。

好男儿要当兵

东山高小的贺岚岗老师应聘到长沙的湘乡驻省中学任教，贺老师是深知毛泽东的志向和才能的，因此，毛泽东手执校长李元甫的推荐信前往长沙去找贺岚岗老师。

韶山到长沙，直线距离不过 50 公里，小商小贩常直插宁乡、望城两县，如果坐船从湘江西岸入城就要绕道湘潭，行程有 100 公里。毛泽东没有从宁乡走，他先步行到湘潭城，在湘江码头改坐小火轮，顺流而下至长沙。因为有李校长、贺老师保荐，他顺利地进入湘乡驻省中学就读。这时他差不多 18 岁了。

湘乡驻省中学在长沙南阳街新安巷，原为湘乡会馆。学校建筑为黑压压的一大片瓦房，足足占了半条街。湘乡人为什么把会馆、中学办到省城？那当然是沾曾国藩的光——曾国藩是清朝后期的"中兴名臣"，他的故里湘乡因他而地位倍增，湘乡人纷纷迁居府城，并在长沙办中学，育子弟。

在这所学校，毛泽东读到了《民立报》，这份报纸是于右任主编的，于右任后来成为国民党有名的领导人。这是一份号召民族革命的报纸，刊载着黄兴领导的广州起义和黄花岗七十二烈士的消息，毛泽东读后深受震动。

环境，促使世界观尚未定型、极易接受新鲜事物的毛泽东从《饮冰室文集》《新民丛报》和康、梁改良主义中稍稍脱离开来，转而接受资产阶级民主主义思想——他由不反皇帝而转变为激烈地反对清政府。

毛泽东到达长沙的时候，正是辛亥革命风起云涌之时。激动之下，他写了一篇文章贴在学堂的墙上，引起校内外轰动。这是毛泽东第一次发表政见。他提出，把孙中山从日本请回来当"新政府"的总统，康有为当国务总理，梁启超当外交部部长。显然，他已把皇帝排除在"新政府"之外，但他不知道，康、梁这时已成保皇派，不可能当孙中山的总理和部长。

毛泽东时刻关注着国内政治运动。其时，因修筑川汉铁路而兴起了反对外国投资的运动（保路运动），立宪成为广大人民的要求，而朝廷的答复只是下旨设立一个资政院。

直到 20 世纪初，中国男人脑后还留着一条长辫子，表示顺从清政府，这是 1644 年清兵入关后对全国（男性）作出的强制性规定。毛泽东再也不想让那可耻的长辫子留下

去，他与另外一个同学"咔嚓"把那"马尾巴"剪下并远远地抛弃。他俩又挥动剪刀去剪别人的辫子，总共有十几个人的辫子成为他们剪刀下的"牺牲品"。就这样，在很短的时间里，毛泽东从讥笑"假洋鬼子"发展到主张全部取消辫子了。①

接下来，他还有更激烈的举动，那就是参加湖南新军，直接投入反清的军事斗争。他一生与军事结下不解之缘，而他最早成为正规的职业军人就是在 18 岁。

1911 年 10 月 10 日，武昌起义爆发。武昌是湖南邻省湖北的省会，起义总指挥就是湖南澧州人蒋翊武，起义的消息很快传到湖南，湖南成为第一个响应的省份。

一个革命党人得到校长的许可，到毛泽东所在的中学来做了一次激动人心的演讲，当场有七八个学生站起来，支持他的主张，强烈抨击清廷，号召大家行动起来，建立民国。

听了这次演讲后的四五天，毛泽东决心参加革命军。他打算与其他几位朋友到汉口去。他们从同学那里筹到一

---

① [美]埃德加·斯诺著，董乐山译：《西行漫记》，北京：生活·读书·新知三联书店，1979年，第114—115页。

102

些钱。听说汉口的街道很湿，必须穿雨鞋，毛泽东特意到一个驻扎在城外军队里的朋友那里去借鞋。他被防守的卫兵拦住。当时局势显得非常紧张。士兵们第一次领到子弹，正涌上街去。

起义军当时正沿着粤汉铁路逼近长沙，战争已经打响。在长沙城外打了一个大仗。同时，城里面也发生了起义，各个城门都被中国工人攻占。毛泽东穿过一个城门，回到城里，站在一个高地上观战，最后终于看到衙门上升起"汉旗"，那是一面白色的旗子，上面写着一个"汉"字。他回到学校，发现学校已由军队守卫。[①]

湖南这次起义是由哥老会的两名首领焦达峰和陈作新领导的，他们赶走清朝巡抚，成立中华民国军政府湖南都督府，自任正、副都督。当时积极推动湖南辛亥革命的，知识界有毛泽东后来的老师徐特立，他划破指尖，以血书写请愿书："为吁请召开国会，予为本省赴京代表断指以送。"

一支学生军也组织起来，但毛泽东不喜欢，认为这支

[①] [美]埃德加·斯诺著，董乐山译：《西行漫记》，北京：生活·读书·新知三联书店，1979年，第116页。

军队的组成太复杂。他决定参加正规军，为完成革命尽力，因为那时清帝还没有退位，还要经过一段时期的斗争。

毛泽东于 1911 年 10 月底加入湖南新军，编入第五十标第一营左队。据早于毛泽东两年参军的朱其升回忆，当时参军，必须有人担保，毛泽东投军起初被拒绝。为此，毛泽东还与招兵的长官争吵起来。朱其升见毛泽东气质非凡，即主动当了他的担保人。于是，毛泽东用了"毛润之"这个名字编入朱其升这个棚（班）。当时新军的编制是军、镇、协、标、营、队、棚（班），队长叫毛子奇；另有一名文书毛煦生，是平江县人。毛子奇很喜欢这个新兵。营里长官都喜欢他，说他会写会算，有能力……①

在毛泽东那个班里，有一个湖南矿工和一个湖南铁匠（铁匠就是朱其升）。其余的都是一些庸碌之辈，有一个还是流氓。他又劝说另外两个学生投了军。毛泽东同排长和大多数士兵交上了朋友。因为他能写字，有些书本知识，他们敬佩他的"大学问"，他可以帮助他们写信或做诸如

----

① 据《有关毛主席参加新军的一段谈话》，1960年11月7日记录。抄件存于韶山毛泽东同志纪念馆。

此类的事情。①

　　毛泽东在新军中是一名列兵，他最亲近的一位"长官"是副目彭友胜，据彭友胜回忆，毛泽东文化高，能说会道，很有个性，有话喜欢说个痛快，有理总想辩个高低。

　　毛泽东的军饷是每月7块银元，毛泽东对这笔钱作了分配：伙食用去2块，少许用于买水，剩下的全用在订报纸上。他贪读不厌，他从鼓吹革命的《湘江日报》上第一次知道"社会主义"这个名词，他与班里另一名列兵对这个新鲜名词展开了激烈的舌战。最后，毛泽东请来"裁判"，直到辩倒对方才肯罢休。②他还读了江亢虎写的一些关于社会主义及其原理的小册子。

　　他的多数时间当然还是用于听军事授课，进行野外

————————————

① 据[美]埃德加·斯诺著，董乐山译：《西行漫记》，北京：生活·读书·新知三联书店，1979年，第117页。新中国成立后，朱其升回忆："我之所以现在能记账、写字、做生意、办工厂，多亏毛润之的帮助。"毛泽东曾教朱其升认字、写字，还曾代他写过三四封信。1952年8月30日，毛泽东写了一封信给朱其升："其升兄：来信收到，甚为高兴。寄上人民币二百万元，聊佐小贸资本。彭友胜尚在人间，曾有信来，知注附告。顺祝兴吉。"朱其升两次上北京，与毛泽东相见甚欢。
② 据彭友胜次女彭凤音口述、陈章麟整理《列兵毛泽东》，1993年6月18日《湘声报》第三版。以下同出此文。又据朱其升回忆，毛泽东是与朱其升、彭友胜辩论。

操练，练习士兵所必备的一切技能，包括稍息、立正、向左转、向右转、瞄准、射击等。他很快学会了军事上的高难动作和技巧，在一次训练打靶时获得优良成绩。但他仍保持一些学生气，不屑于拆洗枪支，朱其升看出毛泽东的心思，就帮他拆洗。一次，毛泽东把自己的枪摆弄得机关卡住了，扣不动，有点着急，是朱其升帮他修好的。

深秋，枫叶似火，染红山峦，茶花如雪，点缀山坳，毛泽东与朱其升、彭友胜坐在向阳坡上谈天说地。毛泽东把《三国演义》里面的故事讲给他们听。他郑重地说："刘、关、张桃园三结义，我们来一个'红枫坡前三结义'。日后，有福同享，有祸同当，上报社会，下安黎民。"于是插枝为香，撮土为炉，朱其升、彭友胜二人以后便常与毛泽东在一起，听毛泽东讲《精忠传》《水浒传》《隋唐演义》和《盛世危言》。

朱其升有些听不懂毛泽东讲的古文，不热心。可毛泽东讲的"曹操煮酒论英雄""张飞大闹长坂桥""孔明巧设空城计""关羽败走麦城"以及"宋江怒杀阎婆惜""孙猴儿大闹天宫"等故事他特别爱听。毛泽东讲得很动听，

边讲边做手势，劲头来时手脚都动，真像说书人一样……①

天气转冷，下起鹅毛大雪，部队冬训暂停，毛泽东利用这个机会教朱其升等人识字读书。

毛泽东没有参加过打大仗，只是经历过一些小的战斗。12月底的一日，部队向城东开拔，走到一个山坳，遇着清兵，发生了摩擦。时值大雪初晴，坡陡路滑。毛泽东和朱其升手拉手钻进丛林，匍匐在一棵小松树下的土坑里。突然，一颗炸弹飞来，朱其升抱着毛泽东滚进旁边的山沟，再看那松树，枝丫被弹片劈断，雪花飞溅。

毛泽东生性是向往自由的，他甚至难以忍受正统的学校教育，当然更难去适应严格的军营生活。况且，武昌起义过后，南北议和，新军变得无所事事。毛泽东决定退伍，继续求学。毛子奇喜欢他，不让他离队，毛煦生帮毛泽东去向营长请求，这才获得同意，毛泽东就与另外一个新兵一同考学去了。彭友胜洒泪相别，把仅有的2块银元送给

---

① 据石功彬《毛泽东与朱铁匠交往趣闻》，载中共大冶市委党史办编《铁冶旗红》，1996年印。原载《地方革命史研究》1992年第10至11期。此文中还记载了毛泽东一次艰苦的行军遇险经历。

毛泽东作盘缠，全班士兵又专为他们开会送行。[1]

小作文里的大幸福

1912 年 1 月 1 日，孙中山在南京就任中华民国临时大总统，正式宣告中华民国成立。2 月 12 日，清帝溥仪宣布退位。3 月 10 日，袁世凯在北京就任临时大总统。毛泽东正是这时从湖南新军退出的，时间是 1912 年春，毛泽东上年 12 月刚满 18 岁。

离开新军后，毛泽东报考湖南全省高等中学校，发榜时名列第一。

这样，毛泽东就成为湖南全省高等中学校，也就是后来的湖南名校长沙一中的学生，他在这里留下一篇著名作文《商鞅徙木立信论》。

吾读史至商鞅徙木立信一事，而叹吾国国民之愚也，而叹执政者之煞费苦心也，而叹数千年来民智之不开、国

---

[1]　另据朱其升回忆：部队接到命令解散，每个人发三个月的饷银回家，"三个月以后，在原地集中"。

几蹈于沦亡之惨也。谓予不信，请罄其说。（我读史书读到商鞅下令迁移木头给予奖励以建立诚信这件事，不禁感叹我国部分国民的愚昧，感叹执政的人多么煞费苦心，进而感叹几千年来民众智慧没有打开，国家差不多踏上灭亡的悲惨命运来！如果不相信这些，请允许我详尽地说出我的道理。）

法令者，代谋幸福之具也。法令而善，其幸福吾民也必多，吾民方恐其不布此法令，或布而恐其不生效力，必竭全力以保障之，维持之，务使达到完善之目的而止。政府国民互相倚系，安有不信之理？法令而不善，则不惟无幸福之可言，且有危害之足惧，吾民又必竭全力以阻止此法令。虽欲吾信，又安有信之之理？乃若商鞅之与秦民适成此比例之反对，抑又何哉？（法令，是用来谋求幸福的工具。法令如果好，那么给人民带来的幸福就一定多，我们的人民正担心执政者不颁布这样的好法令，或者是担心它虽然发布但不产生效力，所以一定会竭尽全力来保障它，维护它，务必使它达到完善的目的才停止。政府与国民是互相倚靠和牵系的，哪有不相信法令的道理呢？当然，如果法令不好，那么就不只是没有幸福可言，而且还足以让人恐惧，我们的人民就又会竭尽全力去阻止这样的法令。

不好的法令即使想要我们相信，又哪里有相信的道理？但像商鞅颁布法律的时候，造成秦国的老百姓那么大比例的反对，又是什么原因呢？）

商鞅之法，良法也。今试一披吾国四千余年之纪载，而求其利国福民伟大之政治家，商鞅不首屈一指乎？鞅当孝公之世，中原鼎沸，战事正殷，举国疲劳，不堪言状。于是而欲战胜诸国，统一中原，不綦难哉？于是而变法之令出，其法惩奸宄以保人民之权利，务耕织以增进国民之富力，尚军功以树国威，孥贫怠以绝消耗。此诚我国从来未有之大政策，民何惮而不信？乃必徙木以立信者，吾于是知执政者之具费苦心也，吾于是知吾国国民之愚也，吾于是知数千年来民智黑暗、国几蹈于沦亡之惨境有由来也。（商鞅颁布的法令，是好的法令。现在我试着一一打开我国4000多年的记载来看看，那些寻求有利于国家、造福于人民的伟大政治家中，商鞅难道不是首屈一指的吗？商鞅从政是在秦孝公的时候，战争正激烈，全国民力疲惫，那种情形用言语无法表达和描绘。就这样而想要战胜各个诸侯国，统一中原，岂不难吗？如此，变法的命令就下达了，这个法令是惩治奸诈以保护人民权利，督促耕种和纺织用以增进国家和人民的财富与力量，崇尚军事、武功用来树立国家的声威，把贫困、懒惰者收为奴隶来杜绝人力、物力资源的损耗。这真的是我们国家从来没有的大好政策，民众却为何害怕、担心而不相信呢？于是一定要竖一根木头下令从南门搬到北门给予奖励，用这样的办法来建立信誉，我从这件事懂得了执政者多么费尽苦心，从这件事也了解到我国的民众长期以来的愚昧，我也由这件事晓得几千年以来民众的智慧陷于黑暗之中、国家差不多踏在沦陷灭亡悲惨境地的由来啊！）

虽然，非常之原，黎民惧焉。民是此民矣，法是彼法矣，吾又何怪焉？吾特恐此徙木立信一事，若令彼东西各文明国民闻之，当必捧腹而笑，嗷舌而讥矣。乌乎！吾欲无言。（虽然这样，但一件不寻常的事情开始出现时，百姓对此还是会感到惊惧。人民还是这样的人民，法令还是那样的法令，我们又何必大惊小怪呢？我只是担心徙木立信这一件事，如果让那东方和西方各个文明国家的人们听说，一定会捧腹大笑并饶舌多嘴地加以嘲讽啊！唉！我想多说也无话可说。）

本来，此文是谈论法令和诚信问题的，我们大可从毛泽东的法律观、法治观和诚信观等方面去解读，"商鞅徙木立信"这段史实本也是中国相当早在国家层面建立诚信

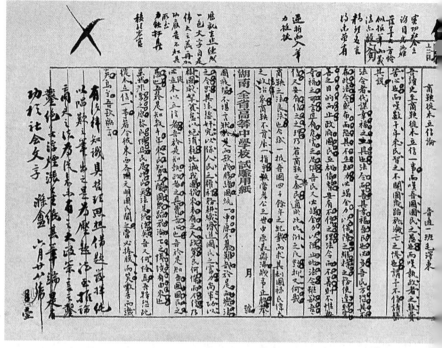

毛泽东的作文手稿《商鞅徙木立信论》

体系的尝试，体现了所谓"言必信，行必果"的中国式诚信观和令行禁止的行政观，但如果仅仅从这两个方面解读，就忽略了其中蕴藏着的最大价值，那就是毛泽东的人民幸福观。

文章虽短，但仔细研读我们能够发现，青年毛泽东在经过相当长一段时间的摸索、徘徊之后，尽管他的人生观、价值观很多方面还未成形，但有一个东西他已清楚，就是建立在为他人、为人民谋幸福基础上的幸福观。

在此文中，毛泽东反复地谈论幸福、人民与法令三者的关系，他认为法令是代为谋取幸福的工具，那么，是为谁谋取幸福的工具？绝对不仅仅是为个人，或为家庭、家族，或为小集体，而是为人民；法令好，"幸福吾民也必多"，人民对法令就会信服，不但不反对，反而担心"不布此法令"，"或布而恐其不生效力"，人民还会起来维护它，"必竭全力以保障之，维持之，务使达到完善之目的而止"。

这就是说，法令（或法律）只是工具、手段，而"谋幸福"才是推行法令的目的，即"幸福吾民"。而"谋幸福"的主体与对象并非个人或一个集团，而是人民，反过来说，法令只有建立在为人民谋幸福的基础上，才能得到人民的拥护、维护，法令才会与人民"一家亲"。

19岁的毛泽东对人民饱含温情，他非常自然地对人民用了"吾民"这个词，就像"吾父""吾母"这样的表达。同时，他强调"法令而善"，也就是说，他主张用良善的法令来为人民谋幸福，他认为法令越完善，"幸福吾民"就越多，因此要努力使法令"达到完善之目的"，他进一

步论述道：

政府国民互相倚系，安有不信之理？法令而不善，则不惟无幸福之可言，且有危害之足惧，吾民又必竭全力以阻止此法令。虽欲吾信，又安有信之之理？乃若商鞅之与秦民适成此比例之反对，抑又何哉？

毛泽东敏锐地指出政府与国民的鱼水相依关系，或者说是勾勒出政府与国民之间理想的生态关系图，只有在国与民之间建立起良性互动关系，人民才会对政府有信任感；只有建立在为人民谋幸福之上，法令才是善的法令，才会使政府与人民之间达成信任，也才能营造全社会的幸福。

这篇文章表面上是谈法律、法令和诚信，其深层则是讲提高国民素质，特别是阐述毛泽东的人民幸福观，"幸福吾民""保人民之权利""利国福民"这些概念，在为人民谋幸福、为民族谋复兴的今天，尤其闪烁着灿烂的光芒，这也恰恰是毛泽东领导中国共产党获得中国人民的拥护、爱戴，最终取得革命的成功、取得建设国家的成功，让中华民族重新崛起于世界民族之林的根本原因。读了这些文字，很容易让我们想到人民群众唱颂毛泽东、唱颂共产党的那首《东方红》。

毛泽东一生的价值观与幸福观最基本的定位就是"人

民"，一切为绝大多数人谋利益，把人民群众视为幸福主体，把人民的利益和全民族的利益放在首位，舍小家为大家、舍自己为人民，他无限地忠诚于人民的利益和人民的幸福，且坚守、坚护他关于幸福的初心，他在"幸福吾民""保人民之权利""利国福民"的同时也创造着自己最大的幸福。

毛泽东作文中的"利国福民""幸福吾民"

　　虽然并不能把《商鞅徙木立信论》与毛泽东成熟时期特别是成为坚定的马克思主义者之后的理论著作相提并论，但此文已经反映出毛泽东的初心，成为他后来诸多伟大思想理论的雏形或理论源头。

　　青年毛泽东此文一出，即遇到慧眼识才的伯乐，那就是他的国文老师柳潜。

　　柳潜作了150字的批语，称赞毛泽东"才气过人，前途不可限量""实切社会立论，目光如炬，落墨大方，恰似报笔，而义法亦骎骎入古""历观生作，练成一色文字，自是伟大之器，再加功候，吾不知其所至""有法律知识，具哲理思想，借题发挥，纯以唱叹之笔出之，是为压题法，至推论商君之法为从来未有之大政策，言之凿凿，绝无浮烟涨墨绕其笔端，是有功于社会文字"。

　　特别让人惊异的是，这位伯乐在他的学生不到20岁的时候就把"伟大"二字作为预言性的赞语送给毛泽东。我们无法完全弄清是什么人什么时候给毛泽东冠以"伟大"一词的，但可以肯定，柳潜先生用这个词来评价毛泽东或者说预言毛泽东将成"伟大之器"是相当之早了！

　　事实上，从毛泽东在此文中表达的人民幸福理念的价值来看，确实配得上"伟大"二字，虽然毛泽东这个时候距离全方位的"伟大"还相当遥远。经过半个世纪的奋斗之后，毛泽东成为中国和世界的伟人，其根本的原因恰恰在于他早在青年时代已经确立而后坚持不懈为之奋斗的"幸福吾民""保人民之权利""利国福民"的人生理想。

毛泽东成为马克思主义者之后，从理论上认识到人民群众是历史的创造者，人民应成为社会的主体和幸福的享有者。他在阐述军队的宗旨时说："中国共产党及其领导的革命队伍，不是为着少数人的或狭隘集团的私利，而是为着广大人民群众的利益，为着全民族的利益，而结合，而战斗的。"

毛泽东的幸福观与自古以来绝大多数人和当代中国许多人的幸福观截然不同，迥异之处就是这种人民幸福观，即视人民为幸福的主体（也是起点和落点），而不是以个人的幸福为主体。这正是毛泽东的原初幸福观，也是他关于幸福的初心。

毛泽东后来把自己的这种初心转化为中国共产党——他所领导的政党的初心。

一幅世界大地图

　　毛泽东 19 岁之前的求学道路是耐人寻味的：在韶山，从 1902 年到 1907 年夏，仅 5 年时间换了 5 所私塾；1909 年秋至 1910 年夏的时间里，他换了 2 所私塾，总计 6 年时间，他读了 7 所私塾。1910 年秋冬，他仅在湘乡县东山高等小学堂读半年；而在 1911 年，他在湘乡驻省中学也只读了几个月；1912 年春至 7 月，他连着报考几所学校，最后在湖南全省高等中学校仅读 6 个月又退学。

　　那个年代的长沙有一个定王台，定王台有一座图书馆，图书馆里有一张世界大地图。

　　长沙自古以来沉积的伤感与悲凉是与这里的历史有极大关系的，从而也催生大量伤痕文学与艺术作品。

　　定王台就是长沙的一处典型的伤感之地，只是到辛亥革命前后，这个台子早已荡然无存，仅剩虚名。清朝末期，这里盖起一栋两层小楼房，房周围树木葱茏，花草鲜美，环境清幽。1904 年，由梁焕奎等人募捐，湖南巡抚赵尔巽准令于古定王台创办湖南图书馆兼教育博物馆；1912 年，湖南图书馆改名"省立湖南图书馆"。①而毛泽东来到这里之后，尽管在相当长的一段时间里也会体验湖湘大地带有浓重伤痕色调的文学与艺术，他自己也要用伤感的文字借屈原和贾谊描绘亡友之痛和民国之耻，但他最终要带出一个奋发有为、英气勃勃的湖南，也要彻底改写湖南乃至中国的悲伤历史，同时创作出大量完全脱离伤痕文学的作品。他为此花费一生的时间，与他的同道和国人一起付出巨大的牺牲。但最终，那种悲壮与伤感被抛到九霄云外，迎接他和国人的是欢欣鼓舞和走向胜利。

毛泽东是定王台办成图书馆后最早的一批读者。他在1912年7月离开湖南全省高等中学校时，便打算摆脱程式化的教学而完全地自由学习。他托熟人在湘乡会馆找到一个住处，在那里搭伙食。他制订自修计划，每天到省立图书馆看书。他非常认真地执行计划，持之以恒，每天早晨一开门就进去，中午只停下来买两块米糕当午饭，下午读到关门才出来。

他在定王台度过了半年时间的自学生活，后来他认为这对自己极有价值。因为他能够以整块整块的时间，高效

---

① 据邵凡：《求索——青少年时代的毛泽东》，北京：人民文学出版社，1979年。

率地读许多书，学习世界地理和历史。他第一次看到一幅世界大地图，怀着很大的兴趣研究它。

差不多40年之后，即1951年秋，他与几位老友谈起当年看到世界大地图时的感受，自嘲道："说来也是笑话，我读过小学、中学，也当过兵，却不曾看见过世界地图，因此就不知道世界有多大。"他描绘道："湖南图书馆的墙壁上，挂有一张世界大地图，我每天经过那里，总是站着看一看。过去我认为湘潭县大，湖南省更大，中国自古就称为天下，当然大的了不得。"他的第一感觉是"从这个地图上看来，中国只占世界的一小部分，湖南省更小，湘潭县在地图上没有看见，韶山当然就更没有影子了。世界原来有这么大！"

地图引发他对世界的思考："世界既大，人就一定特别多。这样多的人怎样过生活，难道不值得我们注意吗？"他想起自己的家乡："从韶山冲的情形来看，那里的人大都过着痛苦的生活，不是挨饿，就是挨冻。有无钱治病看着病死的；有交不起租谷钱粮被关进监狱活活折磨死的；还有家庭里、乡邻间，为着大大小小的纠纷，吵嘴、打架，闹得鸡犬不宁，甚至弄得投塘、吊颈的；至于没有书读，做一世睁眼瞎子的就更多了。在韶山冲里，我就没有看见几个生活过得快活的人。"由此，他推而广之："韶山冲的情形是这样，全湘潭县、全湖南省、全中国、全世界的情形，恐怕也差不多！"

他把自己思考的结果说出来："我真怀疑，人生在世间，难道都注定要过痛苦的生活吗？决不！为什么会有这种现象呢？这是制度不好、政治不好，是因为世界上存在着人剥削人、人压迫人的制度，所以使世界大多数的人都陷入痛苦的深潭。这种不合理的现象，是不应该永远存在的，是应该彻底推翻、彻底改造的！总有一天，世界会起变化，一切痛苦的人，都会变成快活的人，幸福的人！"

他再回到他自己："世界的变化，不会自己发生，必须通过革命，通过人的努力。我因此想到，我们青年的责任真是重大，我们应该做的事情真多，要走的道路真长。从这时候起，我就决心要为全中国痛苦的人、全世界痛苦的人贡献自己全部的力量。"①

能有以上感想，那么，毛泽东在省立图书馆到底看了一些什么书呢？

---

① 周世钊：《毛主席青年时代的几个故事》，《新苗》1958年第9期，长沙：湖南人民出版社。

在定王台，古希腊、古罗马的历史和故事，从西方文明、地中海文明的那一端给毛泽东的理想提供源源的活水，也因此让毛泽东在继续研究中国传统文明的同时，把浓烈的兴趣引向对西方哲学、伦理学领域，同时，也激起毛泽东对欧洲古代英雄与智慧的向往，因为毛泽东正处在一个呼唤救世英雄的时代，而当时的湖南仿佛就是古代的希腊和罗马，正在酝酿着同古希腊和古罗马一样的精神与斗志。

带着读亚当·斯密的《原富》、达尔文的《物种起源》、穆勒的《穆勒名学》、卢梭的《社会契约论》、斯宾塞的《逻辑》、孟德斯鸠的《孟德斯鸠法意》和严复翻译的赫胥黎的《天演论》而激荡的心灵，尤其是对这些大师的景仰；还有因阅读世界各国（俄、英、美、法）的历史、地理，以及直观地看到一张世界大地图而获得开阔的胸襟，搏动着古希腊、古罗马的文学作品给他的想象的翅膀，让他怀揣着新的梦想。

毛泽东住的湘乡会馆里，有许多士兵都是退伍或被遣散的湘乡人，他们没有工作，也没有钱，但他们并未像毛泽东那样发奋学习。他们与同住的学生总是吵架。有一天晚上，敌对爆发成战斗，士兵袭击学生，要杀死他们，毛泽东不愿参与，躲到厕所里去，直到结束以后才出来。①

这时，毛泽东的父亲得知儿子在长沙"无所事事"，便断绝了资助。毛泽东不得不另寻新路，他离开湘乡会馆，也结束了他的半年自学生涯。

这时已是 1913 年春，他跨入人生的第二十个年头。

叩问内心：我将来要做什么

毛泽东从湖南新军退伍后，有些心绪不宁，他在思考是继续读书还是先就业；如果继续读书，选什么学校，将来做什么。他开始注意报纸上的广告。

他心灵深处潜藏着尚武的种子，当看到一则警察学堂的广告时，便去报考，但还没有参加考试，又看到一所不收学费又供给膳宿，还答应给些津贴的肥皂制造学校，他觉得很吸引人，便交了 1 元钱的报名费。

这时，毛泽东的一位已成法政学校学生的朋友来劝他

---

① [美]埃德加·斯诺著，董乐山译：《西行漫记》，北京：生活·读书·新知三联书店，1979年，第120页。

考法政学校。毛泽东写信给家里，要求给他寄学费来。当年父亲曾有意让他学法律，以便打官司，毛泽东便是顺着这心思去的。

但他去报考的是一所公立高级商业学校，他"打算"在那里学成个商业专家，他把这个决定写信告诉了父亲，父亲听了自然会非常高兴。

这时的中国，"民族革命"似已完成，社会进入"太平盛世"。但他还不晓得，清朝的皇帝虽然被赶下台，但国家仍然处在内忧外患中，这些问题不解决，国家仍然不可能走向强大。

他报考高级商业学校后，发现并不对他的口味——最大的问题是，大多数课程都用英语讲授，而他又不懂英语，学校也没有教英语的教师，这种情况使他感到很讨厌，结果只读一个月就退学了。

学校无疑是树人的地方，学校提供给有志者成功的土壤，在这里，他可以自我生长，也能够接受师长的培植，而毛泽东在诸多学校的选择中打定了主意，那就是进师范学校，他要当一名教师。虽然他后来事实上主要不是从事教育工作，但他一直以"师"为荣，5年多的师范教育和并不太长的小学校长经历，也让他养成教书育人的习惯。

师范学校被称为人类灵魂工程师的摇篮，一个国家的振兴，关键在国民素质，而师范学校能培育全面发展的人才，毛泽东认真考虑自己的前途，认为自己最适合教书，所以在多所学校中最终选择读师范学校。

湖南的师范教育始于 1903 年（清光绪二十九年），当时清政府在长沙黄泥段设"师范馆"。随之改设西路师范（常德）、南路师范（衡阳）、中路师范（长沙）。辛亥革命后把长沙、常德、衡阳的师范学校分别以湖南第一、第二、第三师范学校命名。后又新增第四师范学校。

1913 年春，他参加湖南省第四师范学校的入学考试，写了 3 篇作文，其中两篇是替别人作的，结果三人都被录取，他本人得第一名。

这所师范学校刚开办不久，校址设在长沙城水风井局关祠。校舍破烂陈旧，居住拥挤，无图书无仪器，条件甚差，毛泽东在这里就读一年，即 1913 年春到 1914 年 3 月。

1913 年冬，四师与一师为校址问题发生纠纷，不久，四师被都督汤芗铭勒令停办。毛泽东于 1914 年 2 月 26 日参加四师教职员及预科学生合影后，转入一师，3 月，编入湖南第一师范预科三班，同班同学基本上是原四师预科一班学生，总计 46 人。

1914 年的毛泽东

本来，毛泽东预科已读满一年，应升入本科，但四师是春季始业，一师却是秋季始业，他只得再读半年预科——因为有杨昌济等好老师，他耐下心来，顺从这一安排。

1914 年秋，湖南一师预科期终考试，毛泽东成绩优秀，编入本科八班，同学 30 人，基本为预科三班学生。

毛泽东进入湖南一师，获得了一个比较长期稳定钻研学问的环境，也为他获得系统的知识提供了一个优质的平台，最重要的是他遇上了对他人生产生极大助力的老师。

感恩老师，感恩母校

长沙是楚文化发祥地之一。战国时，屈原曾从潇湘大地吸取素材或直接以这里为背景写下大量瑰丽诗篇，其主旋律是激越的爱国主义；宋明两代，理学大盛，湖湘学派形成，湖湘文化积淀，这为近现代"惟楚有才，于斯为盛"打下基础。

成功后的毛泽东感慨："我的知识，我的学问，是在一师打下的基础。一师是个好学校。"1950年，他为母校题写校训："要做人民的先生，先做人民的学生。"

湖南第一师范前身是南宋著名理学家张栻讲学的城南书院，设在长沙市南门外书院坪，坐落在妙高峰下，面临湘江，遥望岳麓山，东靠粤汉铁路。东南丘陵参差，北边楼房林立。

与城南书院一河相隔，是朱熹讲学的岳麓书院，连接两处著名书院的湘江渡口即取名朱张渡，以纪念当年朱、张讲学之盛。1903年，2月设立湖南师范馆，师范馆开办不久即停办了，11月城南书院更名为湖南全省师范学堂，次年改建为中路师范学堂，1912年改为湖南公立第一师范

一师旧址原为南宋理学家张栻创建和讲学的城南书院

学校，1914 年又改名为湖南省立第一师范学校。①

　　20 岁的毛泽东，还要有领路人——他在一师遇到了几位极好的导师。

　　湖南第一师范的首任校长名叫孔昭绶，湖南浏阳人，曾留学日本法政大学，获学士学位。历任长沙多所中学、师范学校教员，1913 年、1916 年到 1918 年两度担任一师校长。他具有民主教育思想和爱国主义精神，竭力反对袁世

---

① 据《湖南第一师范校史　1903—1949》，上海：上海教育出版社，1983年，第1—11页。

凯的独裁统治和封建复古教育。二次革命失败后，北洋军阀汤芗铭派兵包围一师捉拿他，他化装后从侧门逃脱，不久东渡日本。

毛泽东进一师时，孔校长已不在，直到毛泽东毕业前两年才又回来当校长。

孔校长是一位非常有魅力的人，他像一枚磁石，把一批品德高尚、学问了得的人吸引在周围。好老师，加上新思想、新理念、新管理，使得湖南一师生机勃勃，名声在省内外传播。

对毛泽东影响相当大的老师还有杨昌济、徐特立、黎锦熙、王季范、方维夏、袁仲谦等。其中影响最大的当然是杨昌济。杨昌济（1871—1920），又名怀中，世居长沙县东乡板仓，人称板仓先生。他在自己住宅标记"板仓杨"。杨昌济很早就在乡间教书，后来又到岳麓书院读书；1903年留学日本，后在东京高等师范学习教育学，1912年获得伦敦阿伯丁大学文学学士学位，后到德国柏林考察教育一年。他总计在国外长达十年，专心研究教育和哲学，探求做人的道理。他既非"纯儒"，又非"纯洋"，学问纵贯中西，有深厚的中国古代文化修养，尤其对程朱理学有精深研究，又汲取王夫之、曾国藩、谭嗣同、康德的学说。

加上他对欧洲资产阶级民主主义的社会制度和风气进行过实地考察，对各种各样的思潮加以抉择、批判、融合，逐渐形成一种进步性的伦理思想和讲究实践的人生观。

哲学上，他虽有唯心成分，但追求新思想，并努力实践，这样的人格，熏陶着青年毛泽东，并给他打下深深的烙印。

杨昌济先生于1913年，也就是毛泽东正在求学之路上犹豫的时候回到祖国。这样广博的阅历和深厚的知识，在常人看来应当谋一个"金饭碗"，哪里晓得他志不在此，竟然拒绝教育总长邀他到北京就职的机会，又拒绝湖南督军谭延闿给他湖南省教育司长之请，却选择当一名普普通通的教师，先在四师，接着在一师，教授修身课、伦理学、心理学、教育学、哲学，正是在这个时候，毛泽东来到他的门下。

杨昌济先生决心要构筑中西文化的桥梁，更要造就救国之才，他在黑板上写下这样一副对联表明心志：

自闭桃源称太古，欲栽大木柱长天。

杨先生的修身课对他的学生影响深远，这门课从四师教到一师，毛泽东因此受益极大，并留下一本听课笔记。这本笔记是九行直线本，共47页（94面）、万余字。前

11 页手抄《离骚》《九歌》，后 36 页取名"讲堂录"，意思是对课堂内容的记录。

"讲堂录"记录时间从 10 月至 12 月，原件未标年份，经考证，其中修身课记录的内容多与杨昌济有关的著作相同，正是听杨先生授课的记录；而国文课所记的多是听讲韩愈文章的课堂记录，可能是听袁仲谦讲国文课的记录（袁老师当时是四师预科国文、习字教员）。

"讲堂录"前一部分还包括修身课笔记 7 节、国文笔记 5 节和算术笔记 1 节，其中最有研究价值的是修身课笔记 7 节。这 7 节笔记流露出浓烈的"圣贤"之气，是杨昌济先生长期研究心血的结晶，可以说字字珠玑。

杨先生讲课，有相当长的时间并不受欢迎，甚至有人怀疑他是否真有学问，因为他并不以口才见长，但毛泽东却听出真义，听出金声，非常认真地抄录讲义之后，细细思索琢磨，受益至深。后来就这样照着做，甚至成为毛泽东为人处世的标准。

杨先生修身课的理论依据主要是中国传统文化，也用西方文明的范例作比对。"讲堂录"中提到的人物有孔子、孟子、曾参、冉子、原宪（子思）、管子、光武（刘秀）、严光、韩愈、柳宗元、欧阳修、苏轼、范仲淹、朱熹、白

沙（陈献章）、吴与弼、王夫之、曾国藩等。其中提得最多的是孔、孟、朱熹、王夫之、曾国藩。这反映出杨昌济受孔孟学说、程朱理学、王夫之的学说、曾国藩的学说影响极深，他又以此来影响毛泽东，从而促使毛泽东一度深入其中。

"不谈过高之理，心知不能行，谈之不过动听，不如默尔为愈。"意思是做人不要空谈过于高深的道理，如果去谈，只不过听上去动人而实际做不到，讲这样的大话，还不如沉默不语。

"两军交绥，安者胜矣，骄则必败。"意思是两军交战，最后胜利的往往是安稳而不骄傲的一方，骄傲的一方一定会失败。

"师若真心爱其徒，虽顽梗亦化矣。"意思是做老师的如果发自内心爱护他的学生，那么，即使看上去极其顽皮的人也能够受到教育而发生变化。

"真精神，实意做事，真心求学。"意思是实实在在做事，认认真真求学，这才是真正值得赞赏的精神。

"有雷同性，无独立心。有独立心，是谓豪杰。"意思是一般人看别人做什么自己就做什么，没有自己的独立性，有独立性的才可称为了不起的人。

"人情多耽安佚而惮劳苦，懒惰为万恶之渊薮。人而懒惰，农则废其田畴，工则废其规矩，商贾则废其所鬻，士则废其所学。业既废矣，无以为生，而杀身亡家乃随之……可畏哉！故曰：懒惰万恶之渊薮也。"意思是人的常情是喜欢沉湎在安逸之中却害怕辛苦劳累，这样看来，懒惰是各种各样坏习惯的根源。人如果懒惰，当农民的就会让田地荒废，做工的就会把他的工具丢在一边，经商的也不会再劳心做买卖，追求功名的人也不再钻研学问。因为懒惰而荒废了事业，那便会失去生存的依靠，那他的家庭甚至生命都会因此毁灭。真的是太可怕了！所以说，懒惰是各种恶习的根源。

"少年须有朝气，否则暮气中之。暮气之来，乘疏懈之隙也，故曰怠惰者，生之坟墓。"意思是少年必须朝气蓬勃，否则就会老气横秋，老气就是乘着疏漏松懈的空隙来的，所以说，懈怠和懒惰，是生命的坟墓。

在毛泽东做的听课笔记中，这样的话太多了！

杨先生除了指导毛泽东研习中国传统文化，还引导他面向世界。在"讲堂录"11月1日的修身课中，便有大段文字介绍日本与西方的现代文明（如体育锻炼等），杨先生也向毛泽东讲述拿破仑等英雄人物。

毛泽东在师范学校的5年半时间，从杨先生那里受益而延及终身，也因有杨先生这样的老师，他抵挡住一切广告的引诱，最后，"居然得到了毕业文凭"①。

除了修身课，四师合并到一师后，杨先生还讲授伦理学。他对自己的伦理学说有强烈信仰，鼓励学生立志做有益于社会的正大光明的人。在他的影响之下，毛泽东读了蔡元培翻译的一本伦理学的书，受到这本书的启发，写了一篇题为《心之力》的文章。杨昌济老师从他的唯心主义观点出发，高度赞赏这篇文章，打了100分。②

毛泽东受杨先生之益主要有如下几个方面：

思想、志向、抱负和奋发向上的人生观。杨先生对中国传统文化曾花大气力进行批判吸收，成为近代湖湘文化的代表。他提倡人要有独立奋斗精神，即使父子兄弟间也不可互相依赖。他对新思想更是大力提倡。《新青年》出版后，他自订几份分送优秀学生，毛泽东即得到一份。他

---

① [美]埃德加·斯诺著，董乐山译：《西行漫记》，北京：生活·读书·新知三联书店，1979年，第121页。
② [美]埃德加·斯诺著，董乐山译：《西行漫记》，北京：生活·读书·新知三联书店，1979年，第121—122页。

还介绍毛泽东的文章给该刊发表。他最反对做官，反对混世，常劝告学生要有远大理想，认真做事，服务社会，杨先生曾说："破坏习惯我，实现理想我。"

严谨的治学态度和科学的治学方法。杨先生治学注重博与精，所谓"贯通古今，融合中西"。他认为只有深通中学之人出国考察，方有所成。既要输入西学，也要输出中学，如他在《劝学篇》中说："夫一国有一国之民族精神，犹一人有一人之个性也。一国之文明，不能全体移植于他国……善治病者，必察病人身体之状态；善治国者，必审国家之特异情形。吾人求学海外，欲归国而致之于用，不可不就吾国之情形深加研究，何者当因，何者当革，何者宜取，何者宜舍，了然于心，确有把握而后可以适合本国之情形，而善应宇宙之大势……"

做事要深谋远虑，生活要严谨刻苦，特别是要有坚忍不拔的毅力，讲究实践。杨先生教修身课时说："吾无过人者，惟于坚忍二字颇为著力，常以久制胜；他人以数年为之者，吾以数十年为之，不患其不有成就也。"

办事方面，他主张"凡办一事，须以全副精神注之，始能有成功而不至失败。人之精力有限，故任事不可过多；任事过多，则神散而力分，必致事事均办不好"。

　　应该说，以上这几个方面，在遇到杨昌济之前，毛泽东初步具备或显雏形。到了四师和一师，由于杨先生的鼓励和言传身教而大大强化。毛泽东更进一步从理论上全面阐发，例如批判吸收的观点、知行合一的观点，都是毛泽东大力提倡并一生实践的。当然，后来，毛泽东超越先生：他在社会活动方面的成就是杨昌济所不能及的。而毛泽东没能达到先生境界的也有几个方面，比如杨先生终身保持严格的、近乎钟表似的生活节律，天天坚持写日记的习惯——学生毛泽东却终身未能脱去韶山冲铸就的自由天性，毛泽东的日常生活也没有先生那样有规律，常常是昼夜颠倒的。

　　此外，杨昌济个人修身养性方面多为毛泽东效法，如做事勤恳、菲食薄衣、冷水沐浴、长途步行等。

　　徐特立（1877—1968），长沙五美乡人，曾学医，做过十年乡村蒙馆先生。1905年到长沙城求学4个月，1910年赴江苏单级教练所考察、学习。历任湖南高等师范、长沙女子师范及周南中学等校教员，教国文、历史、地理、数学。他对毛泽东的影响，主要是人格与作风两个方面。徐特立一直是反封建的猛士，武昌起义当天，他在湖南教育会坪慷慨陈词，并以血宣誓，毛泽东就是从他那里得到"革命的第一个感性知识"的。

1913 年至 1919 年，徐先生在四师、一师授教育学、教学法、修身课，兼教育实习主任。徐特立为人平易，衣着朴素，他担任长沙师范学校的校长，又在一师兼课，从长沙北门荷花池的长沙师范学校到南门外的书院坪第一师范学校，每天步行近 10 里，却从不坐轿；雨天，他就穿着钉鞋，打着伞，挟着讲义，按时到校上课。

徐特立讲课声音洪亮，又善于联系实际，不讲抽象的大道理。他强调自学——他本人只读过 6 年私塾，但学富五车，成为当时湖南有名的教育家，被称为"办学王"。他主张读书"以少为主"，即少而精，精而深；又主张"不动笔墨不看书"。这些都被毛泽东加以吸收。

自从在一师建立师生情谊之后，徐特立与毛泽东有长期的交往。1919 年年初，他与长沙 15 名中学校长联名辞职，抗议军阀张敬尧摧残教育，在驱张运动中被通缉，于是赴法国勤工俭学，这时他都四十出头了！1924 年夏才回国，继续从事教育。1927 年，他又追随毛泽东参加湖南农民协会的领导工作，大革命失败后加入中国共产党，参加南昌起义，之后跟随毛泽东转战南北，竟然以年过半百之身参加二万五千里长征。1937 年 1 月，在延安，毛泽东信

贺徐老六十大寿，说："徐老同志：你是我二十年前的先生，你现在仍然是我的先生，你将来必定还是我的先生。"

黎锦熙（1890—1978），号劭西，是毛泽东的湘潭同乡，著名的语言学家，终身从事教育，著述极多。他1914年在湖南一师教历史，第二年被聘为北京女子师范大学教授，在一师仅与毛泽东交往一年，但关系非常密切，因为年龄相差仅有3岁，所以他们既是师生关系，又时常以兄弟相称。1915年11月9日到1920年6月7日，两人之间至少有6次书信往来。黎锦熙主要从治学方面给毛泽东不少教益，后来毛泽东两次北漂进京，先生对毛泽东帮助也不小。新中国成立之后毛泽东委黎先生以重任——请他担起汉字改革和辞典编纂方面的重任。

1915年9月6日，毛泽东写一封长信给萧子升，介绍他与黎锦熙最近讨论学术的情况，谈到博学这个话题，说："即凡天下之物，莫不因其已知之理而益穷之，以至乎其极。表里精粗无不到，全体大用无不明矣。""吾于黎君，感之最深，盖自有生至今，能如是道者，一焉而已。"（"也就是大凡天下各种事物，没有不顺着它已经明白的道理而追究更深的道理，以至于到达极高极远。由表面到里层，由粗糙到精细，没有不能达到的，从整体

138

到大的运用没有不能弄清楚的。""我对黎先生感受最深，从有生命以来到现如今，能像这样说的，就他一个人！"）

他自述曾向黎先生请教学问，说自己认为"学校浊败"，打算"舍之以就深山幽泉，读古坟籍，以建其础，效康氏、梁任公之所为，然后下山而涉其新"（舍弃在学校读书，而要到深山老林和幽幽泉水边读古籍，目的是打下学问的基础，就像康有为、梁启超曾经做过的，之后，再下山涉猎新的知识）。黎锦熙却不赞成，告诫他这是先后倒置，因为"通为专之基，新为旧之基"（通常的知识是专门的知识的基础，新的学问是旧的学问的基础）。黎先生还举一些例子来说明，毛泽东于是"翻然塞其妄想，系其心于学校，惟通识之是求也"（幡然醒悟而阻塞过去不在校读书要去深山老林的乱想，一门心思在学校，只去寻求通常的知识）。

毛泽东引述黎先生传授的学国文之法："国文者，具清切之艺能，述通常之言事，曲曲写之，能尽其妙，一也。得文章之意味，观古今之群籍，各审其美而靡所阁，二也。今之教学者皆不然。长，今之所谓通也。异，今之所谓奥也。其实，所谓长者，堆积冗复而已，堆积冗复，不得谓之通；所谓异者，佶聱闷涩而已，佶聱闷涩，不得谓之奥。"（中

国的语言文学，具备清澈而恳切的艺术效能，记述通常的事，却能用委婉动人的话来写它，可以把其中的奥妙都尽情地表达，这是第一个方面。能够找到文章的意旨和回味，看古今各种各样的书籍，审视其中各自的美感而没有不完备的，这是第二个方面。但现在社会的教者和学者都不是这样。长，现在说它是"通达"。怪，现在说它是深奥。究其真实，所说的长，只是堆积冗长重复而已，堆积、冗长、重复，不能称它为通达；所谓的怪，是不顺、沉闷、晦涩，不能称它为深奥。）

他还谈到从黎先生那里学到研究历史、地理的方法："观中国史，当注意四裔，后观亚洲史乃有根；观西洋史，当注意中西之比较，取于外乃足以资于内也。地理者，空间之问题也，历史及百科，莫不根此。研究之法，地图为要；地图之用，手填最切。"（看中国史，应当首先注意周边国家，然后再去看亚洲历史才会有根基；看外国史，应当注意中国与西方的比对，从外面获取知识才足以帮助学习国内的知识。地理，是空间的问题，历史和百科，没有不以此为根本的。研究的方法，地图是最重要的；而使用地图，又以亲手填写为最重要。）

方维夏（1880—1936），号竹雅，湖南平江人。1906 年

7 月从一师简易科毕业，1910 年从湖南优级师范毕业，毕业后受聘于一师，任博物、农业教师和学监、学监主任直至 1919 年。他为人公正，品德高尚。袁世凯称帝时，他联合徐特立等反对复辟，维护共和。为让学生对博物感兴趣，他常带领大家去岳麓山一带采集标本。他开辟新的实习场地，躬身农事；他还发挥学生自治作用，曾向校长张干力争，使毛泽东得以留在湖南一师完成学业免于被开除。张敬尧被驱离湖南后，他担任省教育司长、省议会议员，支持毛泽东开展工人运动。他在 1924 年加入中国共产党，北伐时任国民革命军第二军第五师党代表，投入北伐战争、南昌起义，随后到莫斯科中山大学学习，1931 年回国，在闽西任中国工农红军学校政治部主任及中央民主政府总务厅厅长。红军长征后留在湘赣边区，1935 年在湖南桂东被捕牺牲。[①]

孙俍工（1894—1962），原名孙光策，又号孙僚光，湖南省隆回县司门前镇孙家垅村人，是我国现代有影响的教育家、语言学家、文学家和翻译家。他毕业于北京高等师范学校国文部，受聘于湖南一师，教语言学、文字学、

---

① 　以上对毛泽东的几位老师的介绍均据《湖南第一师范校史　1903—1949》，上海：上海教育出版社，1983 年，第70—93页。

中国文学概论、古文选读等课程。虽然他在一师任教时，毛泽东已是附小教员，但毛泽东也曾前来听他的课，毛泽东的书法得益于此人。毛泽东常向他请教，他向毛泽东授以书法之道，他在屋内贴有这样的练习书法的言论：

从来书画本相通，首在精神次在功。

悟得梅兰腕下趣，指上自然有清风。

独能画我胸中竹，岂能随人脚后尘。

既学古人又变古，天机流露出精神。

孙老师给毛泽东二十八字书法诀是"疏密、大小、长短、粗细、浓淡、干湿、远近、虚实、顾盼、错落、肥瘦、首尾、俯仰、起伏"。

毛泽东听从孙先生的劝告，仔细临摹楷体，进步很快，后来自成一体，书法成就超过孙先生。孙俍工于1922年离开长沙，到南京、上海任教，又留学日本，进东京上智大学研究法国文学，1928年回国。起先在复旦大学任中文系主任，后又入南京国立编辑馆任编辑两年，接着辞职专事著述。他抗战前到四川，在成都华西大学当教授，1940年迁居重庆。1945年8月，毛泽东来重庆与蒋介石谈判时还专门拜访他。[①]

毛泽东的一辈子体现着老师们的影子，不但表现在知识储备、教育学方面，更是在人格形成和操守等各个方面都受到老师们全方位的影响。

文明其精神，野蛮其体魄

毛泽东以火一般的热情准备着未来的挑战，可谓"文明其精神，野蛮其体魄"。

他常在冬季邀邹蕴真等到学校附近的江边进行沐浴，或早起从校内古井打水互相淋浴，以增强身体的抗寒力。他每个星期日都要到旧城门下，面墙独坐，读书写文，在环境中养成一种闹中能静的心境以及在纷扰中亦能冷静思索的镇定力；他为了炼好一种"巨变当前而不惊"的大无畏气魄，每当风雨撼城，雷电震地，他会独自一人跑上校后妙高峰那孤亭方丈、四壁无堵的君子亭，高踞石凳，放声朗吟，神态自若，意志超然；他游泳，能从湘江猴子石脚

①　参阅胡光曙：《毛泽东与他的老师孙俍工》，《湖南文史》2003年第11期。

游到相距几公里的橘子洲头。毛泽东常对同学说：游泳是最好的运动，可以促进全身肌肉、骨骼和脏腑的各种机能，上只见青天，下只见白水，任何秽物不入视线，俨如到了一个干净世界，心神大为舒畅！

冬季，毛泽东从不戴手套、不穿棉鞋，手足皲裂，行走操作如常。每周的大字课，他端坐悬腕，临写大楷时往往因用力握笔，皲缝裂开，血流满纸，但是他仍若无其事，从容书写。他生活向来简朴，态度谦虚肃穆，从不着皮鞋，不使用华贵物品。他也从不在背后道人之短。他对自己要求严格，常有三不谈之戒：

一不谈钱，二不谈妇女，三不谈穿吃。

当时，学校每晚九时，除厕所路灯外，全部熄灭，毛泽东常常在同学睡后，悄悄走到路灯下看书，屡劝不止。[①]

一师学校浴室旁有一眼水井。每天清晨同学还在酣睡时，毛泽东就已起床，带着罗布巾来到井边，用吊桶提水，一桶一桶往身上淋，之后遍擦全身，直到皮肤发红，从夏经秋到冬从不间断。有同学曾学样却不能坚持，问毛泽东

---

① 据邹蕴真回忆。原件存中共中央党校中共党史教研部，抄件存韶山毛泽东同志纪念馆。

的感受，毛泽东说："最初几次难受，下决心就习惯成自然了。"

他还常进行日光浴。在夏天的烈日下，他穿短裤站在室外或在游泳后躺在沙滩上。罗学瓒的一段日记记载了他与毛泽东冬泳之事："今日往水陆洲头泅泳，人多言北风过大，天气太冷，余等竟行不顾，下水亦不觉冷，上岸亦不见病。坚固皮肤，增进血液，扩充肺腑，增加气力，不得谓非运动中之最有益者。"

有一次，毛泽东游将至岸，一股大浪冲过来，把他冲走，幸得同学相救。他后来回忆此事，笑着说："险些出了洋。"

露宿也是毛泽东常做的。学校后山的君子亭、岳麓山的爱晚亭和白鹤泉、橘子洲头，夜幕降临，游人散尽，毛泽东和学友们还在谈天说地，夜深，各寻地方"下榻"，夏夜蚊虫叮咬，便以报纸盖住全身。

毛泽东读书有两法：静中求学和闹中求静。闹中求静就是特意坐在车水马龙的街心看书。静中求学就是在图书馆里看书。他与校图书馆管理员熊光楚成了好友，熊光楚给了他读书的方便，使他能够在图书馆内博览群书，重点是读历史、文学、哲学，读得极细的有司马光的《资治通鉴》、顾祖禹的《读史方舆纪要》。受袁仲谦老师的"规

劝"，他潜心学习韩愈、柳宗元的文章，醉心于韩愈的文章，不惜血本将20多卷《韩昌黎全集》从玉泉街书店买下。他买的是折价旧书，因此有不少缺页，他自己笔录把缺页补齐。

他虽然有些不喜欢英文，但为能直接读外文书，还是发奋攻读。

1915年年初，毛泽东回到韶山，与父母、弟弟共度春节。这时，父亲45岁，母亲48岁，双亲大人正预备把那五间半茅草房翻盖一新。正月十一（2月24日），毛泽东去外婆家，把原来借表兄的11册书奉还。这些书可能是他少时在家借来读的。

过了年回校，他继续努力深造，并开始参加社会活动。他与蔡和森、陈章甫、张昆弟等组织了一个哲学小组，邀杨昌济任指导。每逢星期天，便在杨昌济家聚会。黎锦熙、杨昌济、徐特立、方维夏在浏阳门正街李氏芋园设立《公言》杂志社，毛泽东的节假日常在这个学者圈中度过。

杨昌济先生非常欣赏毛泽东这个好学的弟子。据先生的日记记载，毛泽东与杨先生谈到他的老家在"湘潭与湘乡连界之地，仅隔一山，而两地之语言各异。其地在高山之中，聚族而居，人多务农，易于致富，富则往湘乡买田。

风俗纯朴，烟赌甚稀"。说毛泽东的父亲原先也务农，现在转变职业做生意，他的弟弟毛泽民也务农，他外婆家是湘乡人，也是农家。杨昌济感叹："资质俊秀若此，殊为难得！"先生还举曾国藩、左宗棠为例，说"农家多出异材"，以此鼓励毛泽东奋发有为。[①]

这时，毛泽东与杨先生已走得更近，由师生关系，发展到谈论家常，触及人生和未来。毛泽东等人周末在杨先生家，主要为讨论学问，但也"为了"打牙祭，杨先生总是尽其所有。萧子升回忆，进餐时，大家总是正襟危坐，绝不作声，饭后方显活跃。这是杨氏家风。

常到杨先生家的除了毛泽东，还有六班的蔡和森、二班的陈章甫等。

大家也去黎锦熙家。在黎先生日记中 1915 年 4 月 4 日、11 日、18 日、25 日都有毛泽东到他家的记录。

---

① 杨昌济：《达化斋日记》，长沙：湖南人民出版社，1981年。

家事国事天下事

刚到湖南一师不久，毛泽东的爱国激情便迸发了出来。

这个时候，正处在第一次世界大战当中。1914 年 9 月 2 日，日本派兵在山东龙口登陆。11 月 7 日强占原被德国占领的青岛，控制胶济铁路。1915 年 1 月 18 日向袁世凯提出旨在灭亡中国的"二十一条"。5 月 7 日下午 3 时，日本政府向袁世凯发出最后通牒，限令 9 日下午 6 时前答复"二十一条"，9 日，袁世凯屈从。

湖南一师学生激于义愤，集资刊印《明耻篇》，全书辑有 7 篇文章和 1 篇附件，文为《救国刍言》《中日交涉之前后状况》《已签字之中日新约及交换照会》《请看日本前此计灭朝鲜之榜样》《日本祸我中国数十年来之回顾》《高丽亡国后归并日本之惨酷情形》《越南亡国惨状略述》，附件为《中日贸易出入额之比较》。毛泽东阅《明耻篇》，加了许多圈点和着重号，并在多处写有批语。其中，他特别圈出第二、三、四、五篇和附件，"圈出五篇为最紧要者，其余不阅可也"。他在封面痛切地写道：

五月七日，民国奇耻。

何以报仇？在我学子！

爱国主义无疑是青年毛泽东的人生主旋律。他正是通过不断地求知，深深认识到近半个世纪以来中国备受欺凌以及人民生活在水深火热之中的深刻原因，也在探索解决这一系列社会问题的方法。

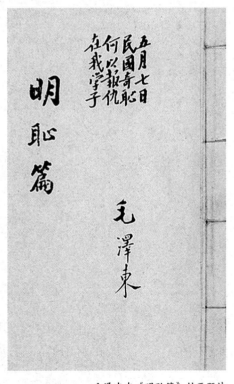

毛泽东在《明耻篇》封面题诗

　　这是有手迹为确证的毛泽东写的第一首诗。用四言写成，显然借鉴了《诗经》的形式。如果要拿《诗经》的三种形式"风""雅""颂"来评说，它应当属于"颂"一类，是直接表达胸臆的，也是用于反映重大主题的。颂当然不能机械地理解为歌颂，也可以是讽刺或表达愤怒，此诗表达的就是毛泽东对国耻的愤怒之情。

　　"五月七日"，令人触目惊心，就像后来的"九一八"。从"五月七日"到"九一八"，时间跨度是 16 年，但两次事件有着内在的必然联系，是袁世凯政府种下最初的屈辱的种子，才会有以后一系列的卑躬屈膝，蒋介石也算得上"继承"袁世凯的"衣钵"。

　　毛泽东从少年时代就立下救国救民的志向，而随着他年龄的增长，国家的耻辱非但没有减少，反而不断有新的耻辱发生，因而也大大强化着毛泽东的人生志向，并促使他由"立志"到寻找实现理想的方法与途径。

　　报仇雪耻，是毛泽东那一代人浴血奋战和最终要达到的目标取向。只一味地悲愤，是没有什么实际意义的，重要的是在沉痛中觉醒，在觉醒中抗争。还只有 22 岁的毛泽东，唯有打下扎实的学问根底，做好充分的身心准备，才能在可预见的更大的灾难来临时，担当重任。后来历史发展的事实，证明了毛泽东年轻时的努力真是有先见之明。从这个意义上来说，这首四言诗，虽然简短，但对于认识青年毛泽东，是有着深刻意义的。

当失去的时候才知珍重

几乎与发生国耻同时，毛泽东的同窗好友易昌陶突然病逝。易昌陶，又名易咏畦，湖南衡阳人，湖南省立第一师范学校第八班学生，是毛泽东的同班同学，1915 年 3 月病逝于家中。由校长张干、学监王季范、教员杨昌济发起，学校于 5 月 23 日开追悼会。师生共送挽联、挽诗 256 副（首），并编印成册，题为《易君咏畦追悼录》。诗、联内容多含"悼念学友，毋忘国耻"之意。毛泽东的一首诗和一副挽联均收录其中。

1915 年 6 月 25 日，毛泽东在写给学友湘生的信中说："同学易昌陶君病死，君工书善文，与弟甚厚，死殊可惜。校中追悼，吾挽以诗，乞为斧正。"

此时，毛泽东已在湖南一师读书近两年，他内心深处对祖国前途命运的关注日渐彰显，当然他还没有完全摆

脱个人情感的圈子。这首诗是他这一时期复杂心态的典
型反映。

《五古·挽易昌陶》诗云：

去去思君深，思君君不来。

愁杀芳年友，悲叹有余哀。

衡阳雁声彻，湘滨春溜回。

感物念所欢，踯躅南城隈。

城隈草萋萋，涔泪侵双题。

采采余孤景，日落衡云西。

方期沆漾游，零落匪所思。

永诀从今始，午夜惊鸣鸡。

鸣鸡一声唱，汗漫东皋上。

冉冉望君来，握手珠眶涨。

关山蹇骥足，飞飙拂灵帐。

我怀郁如焚，放歌倚列嶂。

列嶂青且茜，愿言试长剑。

东海有岛夷，北山尽仇怨。

荡涤谁氏子，安得辞浮贱。

子期竟早亡，牙琴从此绝。

琴绝最伤情，朱华春不荣。

后来有千日，谁与共平生？

望灵荐杯酒，惨淡看铭旌。

惆怅中何寄，江天水一泓。

毛泽东与同学们常常在一起探讨学术或者外出郊游，在共同的人生追求中，他们建立起深厚的感情，当易昌陶不幸病逝，便自然而然激发起他深深的悲痛之情。这个时候，国家的形势日趋恶化，俄国对中国领土的侵占仍在继续，而东边大海上的日本也在对中国虎视眈眈！

在国家隐藏着深深的忧患之时，好友去世，悲上加悲，亡友之痛，国家之耻，交相侵袭，这就是毛泽东作《五古·挽易昌陶》一诗的深刻原因，也是理解此诗情感线索的关键。

毛泽东后来还写过悼戴安澜将军和悼罗荣桓的诗，但诗的艺术性都比不上这首，篇幅也远不及这首。虽然与他一生中最精粹的一些篇目相比，此诗要逊色许多，但已初步显露出毛泽东善于把对个人情感的挖掘与对国家、民族命运的关注融合在一起的特点，同时也显示出他的现实与浪漫、豪放与婉约相结合的作诗风格。

与毛泽东本人后来创作的大量精粹诗篇相比，此诗虽然艺术性相当不错，也非常能打动读者的心，但独创方面

相对要差，因为此时毛泽东还没有走上独创性诗人之路，还处在拟古与学习的阶段，而这一阶段是必不可少的，是诗人毛泽东横空出世的重要基础。

此诗诗眼有多处体现，如反复吟唱的"思"、发自内心的"悲"、激愤不已的"叹""怨"，与总的一句的"惆怅"，这都是极具表现力（但比较陈旧）的用字。

古风虽然在用韵与平仄上都没有律诗那么严格，可以中途转韵，但总要有韵，此诗就换了5次韵；同时，它在用词上也有重复。这都是形式方面的问题，我们不必深究。

再看看青年诗人毛泽东是怎样把两种情感——伤友与忧国交融在一起的。从点上看，其过渡应是"我怀郁如焚，放歌倚列嶂"句，此前都是伤亡友，先直接从"思念"写起，君去余我，那么伤感！由人而物，雁叫泪零；由现在而过去，青草萋萋；再回到眼前，夜不能寐！风吹灵帐，触目惊心！

可贵的是，作者并未就此止步，他深深悲愤的落脚点更在于对国家命运的忧虑。从"我怀郁如焚"开始，他的情感急速飞扬，从"放歌"到"试长剑""辞浮贱"，他出于一个爱国青年的敏感，对东海"岛夷"与北山"仇怨"

已高度警惕。毛泽东担心得有理，大约 20 年之后，日本成为中国的劲敌，中华民族几乎被其灭亡！作这首诗的次年，1916 年 7 月 25 日，毛泽东在写给萧子升的信中预见中日之间"二十年内，非一战不足以图存"，"欲完自身以保子孙，止有磨励以待日本"。

从"子期竟早亡"句开始，毛泽东的情感又回到伤友，那么这二者又是如何过渡的？毛泽东深感"天下兴亡，匹夫有责"，他要与一班志同道合的朋友共赴国难，可是正当国家需要志士仁人之时，易昌陶却英年早逝。这就更加引起毛泽东的伤感。

最后一句意境颇开，毛泽东表明欲化悲痛为力量的决心——他要将满腔的惆怅付之东流水，亦即说他不打算沉溺在悲痛当中，他要走出来，以自己的努力，蓄力储能！

与五言古诗互为对照的是同时作的一副挽联：

胡虏多反复，千里度龙山，腥秽待湔，独令我来何济世；
生死安足论，百年会有役，奇花初苗，特因君去尚非时。

外国强盗多次反复侵占我国领土，翻越重重关隘，血雨腥风，正待中华儿女去洗雪这奇耻大辱，可是我一个人怎能去挽救这个艰难的时世呢？

生死早已置之度外，必将有一场世纪大战发生，而学

友你（指易昌陶）却英年早逝，你去得真不是时候！

与诗相比，这副挽联意思更加明白，可作理解挽诗的注脚。

试把这首诗译成散文：

深深地思念你，但你不会再归来。愁煞了青春的旧友，我悲伤地叹息却不能排解心头沉积下来的悲哀。衡阳的孤雁凄鸣声声，湘江的春冰尚未化开。徘徊在南城边，想起欢乐曾化入这儿的树木花草。城边的草已在变绿，泪水双流打湿了我的青衣。剩得那残山破水，太阳伴薄云坠落在西边。正在期盼着同游五湖四海，如今你却已如花凋谢。从现在起道一声永别，辗转床头我半夜不能成眠。雄鸡一声啼破了清晓，汹涌的波涛漫上高岗。款款地盼着你再回，望穿秋水的双眼溢满泪水。山障羁绊着快马的脚步，飘飞的风掀起了灵堂的帐幔。忧郁简直要焚毁我的身心，我要倚着群峰高歌。近山青兮远山黛，真想试一试那磨了多年的长剑！

你看那东海有虎视眈眈的外族，北边还有曾结下仇怨的沙俄。想起这些谁不感到痛恨？哪里还会去计较个人的功名得失！钟子期过早地死去，伯牙因为没有知音不再鼓琴。这是人生最伤感的时刻，红花也不能使春天欣荣。来日方长，我将与谁共度平生！对着亡灵我捧上一杯好酒，布帛上写着你的名字，写满我的悲伤。深深的惆怅何处可寄托，且把它付之滔滔东逝的长江。

草丛里的葫芦瓜

1915 年 5 月 30 日是星期天，忧郁的毛泽东与好友熊光楚同往黎锦熙家，大家在一起交谈，谈了许久，讨论了社会的不合理和如何改造，毛泽东向黎先生讲了心中的苦闷。

暑假到来之时，毛泽东并不太想回韶山去，6 月 25 日，他写信给湘生。他对自己的过去有所反思，认为"昔吾好独立蹊径，今乃知其非"（我以前过于喜欢独辟蹊径，现在知道这是不对的），他又检讨自己不应过于鄙弃学校分数。接着，他举曾国藩、康有为、梁启超的治学经验鞭策自己，痛切地说："来日之中国，艰难百倍于昔，非有奇杰不足言救济。"（未来的中国，可能艰难困苦要超过过去几百倍，我们要做好迎接困难的准备，一定得有拯救国家的奇杰，否则国难无法避免。）22 岁的毛泽东是如此忧郁，他忧郁

的是国家的前途和命运。

7月4日、11日、13日、15日、19日、20日、21日、31日，毛泽东和陈昌等人都去往黎锦熙先生家，向先生请教读史和研究文字学的方法。毛泽东看了《神州日报》、《甲寅》杂志第六期、《群学肄言》等，彼此交换心得和写日记。黎锦熙建议毛泽东好好读读段玉裁的《说文解字注》和《群学肄言》的"缮性篇"。

毛泽东拓落不羁，本是不习惯写日记的，这时受杨、黎诸先生影响也写起日记来。7月31日晚，黎先生在毛泽东那里就看到了毛泽东写的日记，称赞："甚切实，文理优于章甫，笃切两人略同，皆大可造。"（非常切合实际，文采、事理都比陈昌要好，深入、切实方面两人大致相当，都是可以大大造化的青年。）

8月间，毛泽东在给萧子升的一封信中披露了他写的一篇日记，这是一篇精美的寓言故事，是由他少年时代在乡间所见所闻悟出来的人生哲理，那就是山间菜地无意中得瓜的情景。

毛泽东描绘道："客告予曰：若知夫匏瓜乎？阳动土暖，茁乙布荄，缠牵成蔓，不能自伸。苟无人理，则纵横荆棘之颠，□播蓑草之内，时序洊至，间吐疏苞，若明若灭。

人将指曰：是亦蓚草之类而已。然而秋深叶萎，牧竖过往其间，剔草疏榛，则累累之物，大者如瓮，乃是蔓之瓜也。"（客人告诉我说：你知道那个葫芦瓜不？当春阳萌动，大地回暖，苗儿渐渐变成藤蔓，交织缠绕，甚至都无法自己延伸。如果没有人打理，那么瓜藤就会纵横交织在荆棘上面和草丛里头。当时令到来时，它间或开出花苞，好似能看见，又好似不能看见。有人可能会指着它说，这也是杂草罢了。然而到深秋，那些野草枯萎，看牛的在中间经过，把草丛剔除，把荆棘砍掉，却惊喜地发现，一个一个的瓜，大得像瓮坛，竟然是那些藤蔓结出的瓜。）

毛泽东用哗众取宠的牡丹与默默无闻的匏瓜进行对比："反而观之，牡丹之在园中，绿萼朱葩，交生怒发，乔皇光晶，争妍斗艳。昧者将曰：是其实之盛大不可限也，而孰知秋至凉归，花则枯矣，实不可得。"（反过来看那牡丹，它长在园子里，绿叶之间是大朵大朵的红花，争奇斗艳，极尽美丽，光彩照人。不明白的人会说：它的果实一定会长得无限大，哪里晓得秋天到来，凉风习习中花就枯萎了，哪里能找到什么果实。）

由此，毛泽东谈到青年的人生观。他肯定了实干精神而批评华而不实："吾子观于二物，奚取焉？应曰：牡丹

先盛而后衰，匏瓜先衰而后盛，一者无终，一者有卒，有卒是取，其匏瓜乎？客曰：虽然，吾观于子一伎粗伸，即欲献于人也，一善未达，即欲号于众也，招朋引类，耸袂轩眉，无静澹之容，有浮嚣之气，姝姝自悦，曾不知耻，虽强其外，实干其中，名利不毁，耆欲日深，道听途说，搅神丧日，而自以为欣。"（我和你来看看这两样植物，你会选择哪一种？回答说：牡丹起先盛开但到后来却衰落，葫芦瓜一开始看上去衰衰的，但后来却长得那么茂盛，一个没有结果，一个却有硕果，我看，我们只能选择那实实在在有结果的，难道不是匏瓜吗？客人说：确实是这样。我看你有一点儿本领刚刚显露，就想在人前炫耀，有一点儿善举，还没有完全做到，就要凭此在众人面前发号施令，招集朋友、伙伴，还把衣服扬起，把眉头高耸，没有一点儿安静淡泊的容貌，却满身是浮躁喧嚣气焰，还沾沾自喜，一点儿都不晓得羞耻，虽然在外逞强，但里子没有一点儿干货，就算名声和利益不会马上损毁，他的贪欲却一天天加深，他的事情在道路上传开，把人心搅乱，把日子荒废，他本人却还在忘乎所以。）

毛泽东总结说："日学牡丹之所为，将无实之可望，猥用自诡曰：吾惟匏瓜之是取也，岂不诬哉？"（天天学牡丹的所作所为，一定不会有果实的指望，于是私下里自我解说：我还是只认可并学习匏瓜吧，这难道是不对的？）

最后，毛泽东用庄子式的寓言笔法写道："予无以答，逡巡而退，涩然汗出，戚然气沮。"（我没有什么可以回答的，犹犹豫豫退后，突然间大汗淋漓，声音和气息都要阻断。）

毛泽东的形象思维受外婆家和韶山风气的熏陶，较早就有了开发，到长沙后更得到了长足发展，这则寓言就是他艺术之路上的一朵不怎么为人注意的小花。他后来的许多诗文都擅长用比喻甚至借鉴或创造寓言故事，例如在差不多50年之后的1965年他写的《念奴娇·鸟儿问答》中他用了鲲鹏、雀儿对话的寓言故事（借鉴《庄子》）。毛泽东形象思维的发达无疑与湖南长沙的文化环境有莫大的关系，因为这里就是一个奇异瑰丽的地方，这里有太多富有浪漫色彩和理想主义的文学艺术沃壤。

第四章 好男儿的诗与远方

效嘤鸣而求友声

　　毛泽东在湖南第一师范学校的第二学期于 1915 年 8 月下旬开始，环境的变化让他觉得物换星移——好友萧子升离校教书去了，黎锦熙先生去北京任新职。毛泽东倍感需要结交一些新朋友了，他想了一出妙招，就是贴广告。

　　因为不便落真名，他的名字繁体笔画是 28 画，他就用"二十八画生"落款，于 9 月发出征友启事，说"愿嘤鸣以求友，敢步将伯之呼"，声明渴求志同道合者，共商学业、救国。

　　9 月 27 日，他写信给萧子升谈到这件事："近以友不博则见不广，少年学问寡成，壮岁事功难立，乃发内宣，所以效嘤鸣而求友声"（近来因为朋友不多见识不广，年纪轻而学问没有做成功，于是把心里的想法发布出来，就用仿效鸟儿欢唱寻找朋友回应的办法），然而"至今数日，应者尚寡"（至今许多天了，响应的还很少），"兹附上一纸，贵校有贤者，可为介绍"（这里附上一张广告纸，贵校有贤能的人，可替我引介）。

在"征友"得到反响之后，毛泽东写信给已到北京的黎锦熙："两年以来，求友之心甚炽。夏假后，乃作一启事张之各校，应者亦五六人，近日心事稍快惟此耳。"

毛泽东的征友启事引用的是《诗经·小雅·伐木》，前后文是：

伐木丁丁，鸟鸣嘤嘤。

出自幽谷，迁于乔木。

嘤其鸣矣，求其友声。

相彼鸟矣，犹求友声。

矧伊人矣，不求友生？

神之听之，终和且平。

此诗表面上描绘的是春天里鸟鸣嘤嘤呼朋引伴的自然景象，实际歌咏的是人与人之间的友情和爱情，而毛泽东在长时间独立寻梦的过程中，感觉到需要把个人梦想与大家的梦想融合在一起，而且要实现这些梦想，需要有朋友的共同努力。这样看来，毛泽东的征友之举，是他开始探索圆梦途径与方法的标志。

毛泽东征友的奇想很快招来误会——省立第一女子师范校长马惕吾看到启事后，怀疑有人想寻女生谈恋爱，跑来一师找联系人陈昌，把他大骂一通，又找到一师的孔校

长，孔校长把毛泽东唤来询问，毛泽东把他的本意讲清了，马校长也就无话可说。

回应毛泽东这个广告的一共有"三个半人"："三个"指积极响应的罗章龙等，半个指未明白表示意见的李立三。

罗章龙（1896—1995），原名罗敖阶，1896 年 11 月 30 日生于湖南省浏阳县，比毛泽东小 3 岁，1912 年到长沙第一联合中学就读，1915 年进长沙长郡中学。正是这个时候，征友启事触动了他的心灵，于是他与毛泽东结识。

罗章龙与毛泽东见面后写了一首《长沙定王台初晤二十八画生》，诗序写道：

《二十八画生征友启事》内有云："愿嘤鸣以求友，敢步将伯之呼。"吾即投函询之。旋得复书，中有云："空谷足音，跫然色春。"遂至定王台相晤。

诗云：

白日东城路，琅嬛丽且清。

风尘交北海，空谷见庄生。

策喜长沙傅，骚怀楚屈平。

风流期共赏，同证此时情。[①]

---

① 据罗章龙：《回忆新民学会》，《党史研究资料》1979年第10期。

毛泽东与罗章龙的友谊从征友启事得到响应的 1915 年开始，一直持续到建党初期。不过，毛泽东从一师毕业后没有再进学校读过书，而罗章龙后来考入北京大学文学院。

从那时起，毛泽东与罗章龙就奋斗在不同的地域，罗章龙在北京投身五四运动，1920 年年初又发起组织北京大学马克思学说研究会，曾翻译并出版《康德传》，参加举办长辛店工人补习学校，并到南口、唐山等地做路矿工人状况的调查，还主编《工人周刊》，在李大钊的指导下，参加创建北京共产主义组织，成为中共最早的党员之一。

这期间，毛泽东两次去北京，他与罗章龙都有过会面。

毛泽东在一师结交了一帮志趣相投的同龄人，有蔡和森、罗学瓒、陈昌、张昆弟、萧子升、萧三、周世钊等人。

萧子升（1894—1976），字旭东，湖南湘乡人。他比毛泽东小 1 岁，但先入一师，是第三班学生。萧子升 1915 年从一师毕业，先后在长沙修业、楚怡学校任教。1919 年留法勤工俭学，1924 年回国后在北京中法大学任职。1928 年北京改为北平，他曾任国民党北平市党务指导委员。1949 年，他随中国国民党政府去台湾，后长居国外，1976 年在乌拉圭去世。

毛、萧二人最初认识在湖南第一师范学校，萧子升在

他所著《毛泽东和我曾是"乞丐"》中谈到他们交往的一些情形，说毛泽东："他笔画粗重，总是把字写到格子外。后来他自嘲地笑着对我说：'你一个小格子里能写两个字，而我写两个字得占三个格子。'真是一点也不假。"

萧子升还说："每天清晨，我都听到毛泽东大声朗读古文。"

毛、萧在湘江畔散步时，常吟诗作对——

萧：晚霭峰间起，归人江上行；云流千里远。

毛：人对一帆轻，落日荒林暗。

萧：寒钟古寺生，深林归倦鸟。

毛：高阁倚佳人。[①]

毛泽东与萧子升同校三年半，彼此以兄弟相称，学业上互为增进，政治上时有争论。萧子升毕业后，二人仍鸿雁传书。他们结伴出游时，友谊最深，后经创新民学会，因为政见不同，渐渐分手。

毛泽东与萧子升的弟弟萧三的友谊持续时间更久。早在湘乡东山学校之时，他们就已成好友。1918年，萧三成为新民学会的重要成员，与毛泽东越来越近，他的哥哥却

---

① 见萧瑜：《我和毛泽东的一段曲折经历》，北京：昆仑出版社，1989年。

相反，萧三走向共产主义，萧子升却走向自由主义。

萧三在北京参加了五四运动，后回湖南，为毛泽东主编的《湘江评论》撰稿。1920年，他成为新民学会最早赴法国勤工俭学的会员，参加并组织以"实行社会革命，改造中国与世界"为宗旨的工学世界社，与蔡和森等人发起马克思列宁主义学习运动。《共产党宣言》《国家与革命》等马列主义经典让他彻底摆脱无政府主义。此后，他一直待在共产主义的阵营，并做出卓有成效的贡献。

蔡和森与毛泽东之间是友情加同志情。他比毛泽东小两岁，1895年3月30日，蔡和森诞生在上海江南机械制造总局的一个小职员家里。1899年的春天，他跟随母亲葛健豪回到了家乡湘乡县永丰镇（今属双峰县），不久，父亲也从上海回到故乡，并买下位于双峰县井字镇杨球村的光甲堂定居下来。

1908年，蔡和森全家又迁回永丰镇。13岁的蔡和森进了蔡广祥辣酱店当学徒。三年学徒期满后，他不愿经商而立志读书，即进入永丰国民小学读三年级，只用一个学期越级考入双峰高等小学。他在双峰高等小学时，正值辛亥革命爆发。像毛泽东一样，他带头剪掉长辫子。

1913年秋，蔡和森考入湖南省立第一师范，第二年春，

毛泽东由第四师范转入一师，他们就成为同校同级但不同班的同学。1915年4月，湖南高等师范学校设立专科文学部，杨昌济、徐特立等老师转到文学部任教，蔡和森于1915年秋跳级考进该校文史专科。

周世钊（1897—1976），生于宁乡县石子冲（今宁乡市东湖塘镇朝阳村）的一个农民家庭。他于1913年考入省立第四师范学校，后转入第一师范，与毛泽东同学五年半，且同住一个寝室长达五年，两人交情非常深。周世钊擅长诗词，曾任校友会文学部部长。1918年夏加入新民学会，兼工人夜校管理员。1919年，应毛泽东之邀任《湘江评论》顾问。他参加过毛泽东等人发起的"驱张（敬尧）运动"，又参加创办长沙文化书社。何叔衡主办《湖南通俗报》，周世钊也应邀任编辑。

周世钊与毛泽东的友谊主要是在湖南一师读书期间和新中国成立之后。1921年以后，他抱定"教育救国"的宗旨，谢绝参加毛泽东、蔡和森创建的社会主义青年团，转赴南京考入国立东南大学教育学院，此后便长期从事教育，直到中华人民共和国成立后，担任湖南省副省长。

罗学瓒（1893—1930），他与毛泽东是湘潭同乡。1912年考入省立第四师范，不久并入省立第一师范，即成为毛泽东的同班同学。1918 年 4 月，新民学会成立后，他是第一批骨干会员。同年 8 月，考入北京大学预备班学习法文。1919 年 7 月赴法国勤工俭学，和李维汉等组织"工学励进会"，学习马克思主义，坚定了走俄国十月革命的道路。曾先后在蒙达尼公学学习，在施乃德钢铁厂做工。因参加革命活动，1921 年 10 月被法国政府强行遣送回国，同年年底回到上海后即加入中国共产党。

毛泽东与这几位朋友的人生路发生了交集，他们或与毛泽东同行一生（如萧三），或半途离去（如萧子升），或过早牺牲（如蔡和森、罗学瓒）。

毛泽东的征友行为，体现出他合群奋斗的理想。他逐渐认识到个人力量的有限。合群奋斗，正是毛泽东的超人之处，也是他日后成功的一大秘诀。

毛泽东把他个人的梦扩大为众人的梦，从而渐渐形成圆梦的合力。

毛泽东的梦，融合许多人共同的梦，或者说，他把众人之梦合为国家、民族的梦，也是他个人的梦，这正是毛泽东之梦的价值所在，也是他的梦得以成功实现的根本原因。所以，毛泽东人生圆梦的过程即他升华众人之梦和实现国家、民族的梦的过程。

美文献给家乡和母亲

　　时局的变幻，让毛泽东感到难以一心治学了。恰恰在这个时候，韶山传来母亲生病的消息。家愁与国恨交相袭来，使本来不安生的他更是忧心如焚。

　　1916年6月24日，他写信给萧子升谈到内心感受："话别之后，滞于雨，不得归；又以萑苻不靖，烽火四起，益不敢冒险行也。五六日来，阅报读书，亦云有所事事。然病母在庐，倚望为劳，游子何心，能不伤感！重以校中放假，同学相携归去，余子碌碌，无可与语。早起晚宿，三饭相叠，平居一日憎长，今如瞬息，寂历之景，对之惨然。"（谈话相别之后，因为下雨而滞留，不能回家乡去；又因为盗贼得不到荡平，战争燃起的烽火四起，更加不敢冒险出行。五六天来，读报、看书，也可以说是做了一些事。但一想到病中的母亲在家里，靠着门框，一心盼望儿子归来，我身处异乡，心里就不是滋味，多么伤感！加上学校放假了，同学们相伴着回家去，剩下留校的，无事可做，因此也没有可以交流的。早上起来，晚上睡觉，一日三餐，这样待一天都憎恨日子太长！现在看到的每一时每一刻，都是寂寞的情景，面对这些心里非常悲痛。）

青年毛泽东这个时期常常经历着生活的苦闷，这种苦闷既包含着对母亲病痛的挂念，更有因在乱世中一时无法找到人生方向而生出的愁绪。这种状态几乎是所有的学子，包括今天的学子都要经历的，有的人会被这种状态压垮，有的人却能顺利地度过青春的"苦闷期"。

毛泽东看到的乱世是军阀混战："独有军士相邻，洸洸之众，来自岭峤，鸟言兽顾，不可近接，亦既知之矣。心目所遇，既多可悲，遽闻觱篥一声，刁斗再发，余音激壮，若斗若击，中夜听之，不觉泣下。"（唯独军中士兵与我为邻，像水一样流动的一群人，来自五岭，说话如同野鸟，行动就像野兽，我不能够过近地去接触，你也是已经了解这种情形的。心中所想，眼睛所见，已让我生出许多悲苦，突然听到有人吹起觱篥，其音好不伤感，又听到巡更，余留的声响激烈而雄壮，好像有人在搏斗、击打，半夜里听到这些，不知不觉流下了眼泪。）社会状况如此，天气也不好："更可恶者，秋霖作虐，盈沟滥浍，碍人行步，不然，亦走来握手谭话矣。"（更可恶的是，秋雨做坏事，从沟里溢出来泛滥成灾，妨碍人们走路，如果不是这样，

也到你那里来握手说话了。）他打算"明日开霁，决行返舍"（明天一转晴，我就决定回韶山去），即回家乡去探望母亲。①

回家之前，他步行到老师杨昌济先生家——长沙县东乡板仓，与先生讨论学术和社会话题，同时阅览先生的藏书，尤其是新书和报刊。先生告诉他在距此40多里的高桥塘冲，有一位留学日本的体育运动的爱好者和倡导者柳午亭（柳直荀之父），毛泽东即专程去拜访。

6月26日，他回到韶山探望父母，途中在距家30里的银田寺镇（今韶山市银田镇）宿一友人家中，当晚写了一封信，在信中用了散文诗的语言，其中联语、四言诗句颇佳，整体意象也不错：

一路景色，弥望青碧；池水清涟，田苗秀蔚，日隐烟斜之际，清露下洒，暖气上蒸，岚采舒发，云霞掩映，极目遐迩，有如画图。

少年毛泽东不满家乡的封闭与落后，于1910年秋离开韶山，外出求学，先到湘乡县立东山高等小学堂，第二年

---

① 中共中央文献研究室、中共湖南省委《毛泽东早期文稿》编辑组：《毛泽东早期文稿》，长沙：湖南人民出版社，2013年，第35页。

春又到长沙。1911 年春到 1914 年间，毛泽东是否回过故乡，目前没有确凿资料，但母亲永远有颗牵挂着游子的心。"慈母手中线，游子身上衣。临行密密缝，意恐迟迟归。"文氏正是这样一位慈母，毛泽东也正是这样一位游子。

1915 年 6 月 25 日，毛泽东在写给同学湘生的信中说："……前友人招往浏阳，继吾不欲往，寓省城又无钱，故止有回家一法。"（之前朋友招引我去浏阳，我不想去，寄居在省城又没有钱，所以只有回家一个办法。）这次回家，实际上在 8 月 15 日（农历七月初五）。同年 8 月，毛泽东又在写给同学萧子升的信中说："……学校展限至廿五，弟将十五回家，一觐堂上，省诸弟。"（学校延迟返校期限到 25 号，我将在 15 号回家，去拜望父母，也看看弟弟们。）到 1916 年，毛泽东便由不想回家，而到魂牵梦绕，因为母亲开始生病。此时的毛泽东完全陷入对病母的深深思念之中，而这种思念，又与周围凄迷的环境、纷乱的时势交互融汇。这种情绪逼使他"明日开霁，决行返舍"，于是在 6 月的 25 日动身返回韶山。

银田寺是距韶山冲约 15 公里的一处古寺，建于明代。相传，建寺时在田中挖出一缸白银，故名，又称宁田寺、白庙。环银田寺，沿河有一片集镇，是湘潭、湘乡、宁乡

三县商品的重要集散地，韶山的山林特产和谷米，都是由此下船运往湘潭。寺在云湖河（韶河）边，寺下有码头，可季节性行船（利用河坝拦水），但船行极慢，特别是上游。毛泽东回韶山，通常是坐船到湘潭，再步行70里，宿银田寺旁的亲戚朋友家。

这天毛泽东就是上午9点在湘潭上的岸，再徒步到银田市（指银田集市）时已是黄昏。他已感到四肢疲倦，但因为就要见到母亲，又感到快乐。住在朋友家，也感到安适。于是提笔给好友萧子升写信。

在信中，毛泽东谈到昨晚和今早的所见所闻颇有感想。路上他看到城郊驻扎的桂军一部与一些无赖在大路上赌博，巡逻的兵看见也不敢过问，由此他想起学校里听说过的两广地区赌风严重，果然如此。过了湘潭，在七里铺、姜畲一带，又有两股所谓护国军，共200多人，在饭店吃饭不给钱，仔细问那些人，得知他们是等钱遣散回乡的，毛泽东便可怜起他们来。

与毛泽东描述的军阀混战乱象形成对比的是，他还给我们描绘出一幅故乡韶山一带的田园风光。

这是江南田野间的池塘，而不是城市中某个公园的荷塘。从视觉上，它只是一幅田园风景画的一部分。这幅画中，底色是"青碧"的，然后配上池水的"清涟"，即更亮的颜色，仔细看，那底色原来是田苗涂出来的。毛泽东以"秀蔚"来描绘，"蔚"写出了禾苗的勃勃生机，这都是静态。然而，他用西下的太阳突出了景色的动态：太阳是若隐若现的，原因是生了炊烟，而炊烟是收工回来的农民燃柴煮饭产生的，烟是缥缈的，随气流而动的，有动感。天渐晚，露初下，被太阳余光照着，是晶莹的，天上有了凉意，地面吸收的热量便向上蒸发，这是天地在夜幕降临时的交融。

毛泽东故里韶山的田野

于是，山间带彩的岚（雾气）也舒展发散，向天空望去，云与晚霞相互掩映。毛泽东看到此，不免惊叹：有如画图！

毛泽东观察极其细致，描写也极为细腻，而重要的是其中隐藏着他对故乡山水深深的热爱，同时也因为已到家门口，就要见到母亲，所以心情舒畅，笔下的景自然也是楚楚动人的。

毛泽东这样一位以伟大志向和崇高理想见称的人物，为什么时常能以诗笔投射人生，而且常常写得那么美呢？毛泽东一生奋斗的原动力来自他的故乡：故乡的人（主要是博爱的母亲和受苦的民众）和故乡的山水、故乡的文化。出色的诗人无不是热爱自己的故乡的，"故乡情结"萦绕着他的一生。故乡的山水也时常浮现在他眼前，即使后来他走遍天下，故乡也还在他的潜意识深处，只是有时隐藏有时显露，所以他时常以美文献给家乡和母亲。

第五章

会当水击三千里

从此你将如鲲鹏展翅，乘风破浪。

预言大战将至

1916 年暑假，毛泽东在韶山老家住了两个星期。

他 7 月 9 日动身返校。当天宿湘潭城。回到长沙后，18 日，他写给萧子升一封信，陈述他对时局的看法，主要谈论"湘省之祸"，言辞相当激烈，信末毛泽东要萧子升"不可令他人见，阅后摧烧之"。

到 7 月 25 日，毛泽东未接到萧子升的回信，急不可耐地又写了一封长信，仍旧是谈论时局，但范围更广，不只是说湖南，话题说到全国，畅快淋漓地发表了他对各派军阀的看法。其中最有见地的是他在此信中论述的中日关系、中美关系和中日美三角关系，做出了惊人的预见："思之思之，日人诚我国劲敌！感以纵横万里而屈于三岛，民数号四万万而对此三千万者为之奴，满蒙去而北边动，胡马駸駸入中原，况山东已失，开济之路已为攫去，则入河南矣。二十年内，非一战不足以图存……"（左思右想，左思右想，日本人一定是我国的强敌！一直感慨我堂堂中国纵横万里却屈服于区区三岛的日本，我们的人民总数达到四个

亿却被这小国的三千万人奴役，满蒙也将要失去！北边出现军事异动，侵略者的铁蹄就要踏向中原，况且山东的权益已经失去，国家和平的道路也被抢夺，这样，日本的魔掌就要进入河南了！看这样的状况，20年内，我国非得与日本来一场血战，否则中华不能生存……）

这可以说是对20世纪30年代后期爆发的抗日战争的预言，毛泽东甚至将日军进攻的大致路线及步骤都预见到了，即由东北入中原。毛泽东已预感到一场大灾难将发生，痛心"国人犹沉酣未觉，注意东事少"（国人好像睡得深，醒不来，很少注意到来自东边的危险）。他断言："愚意吾侪无他事可做，欲完自身以保子孙，止有磨励以待日本。"（我认为我们没有别的事可做，想要保自身、保子孙，只有把刀枪擦亮以应对日本可能的更大侵略。）

只有毛泽东这样关心时事的人才可能有如此高见！萧子升当时却未觉得，故毛泽东又提醒他："吾愿足下看书报，注意东事，祈共勉之，谓可乎？"（我希望你多看书报，注意东边可能发生的大事，我们共勉，你看可以不？）

毛泽东还把眼光投向西方，谈到第一次世界大战。他重点研究了美国，预言美日太平洋战争和中美共同制服日本，乃至中美千载邦交："愚意此刻非彼用武之时，

1916年7月25日，毛泽东给萧子升的信，准确预言了抗日战争和太平洋战争的爆发及战后中美贸易往来

欧洲非彼用武之地。彼之时，乃十年以后；其地，则太平洋耳。日美战争之说，传之已久。十年之后，中国兴会稽之师，彼则仗同袍之义，吾攻其陆，彼攻其海。既服三岛，东西两共和国亲和接近，欢然为经济食货之献酬，斯亦千载之大业已。"（我意料现在这个时候还不是外国动武的时候，欧洲也不是外国的动武之地。发生战争的时机，是在10年之后；发生大战的地方，是在太平洋。日本与美国开战的说法流传已久。10年之后，我国将兴雪耻的正义之师，美国也会施友好情谊，我们在陆地上与日本血战，

美国则会在海上与日本大战，最后的结果是让日本屈服，于是东方与西方的两个共和国必然亲和接近，欢快地建立经济和商贸的友好往来，这也是事关世界和平的千载大业啊！）

《体育之研究》：惊世的处女作

毛泽东决心以奋斗来改变命运，他以豪迈的诗句表达自己战天斗地的激情：

与天奋斗，其乐无穷！

与地奋斗，其乐无穷！

与人奋斗，其乐无穷！

要奋斗，必得有一个好身体。1916 年 12 月 9 日，毛泽东写信给黎锦熙，说到一些文学家、诗人的生死，以此为据，谈德、智、体三者关系：

今乃有进者：古称三达德，智、仁与勇并举。今之教育学者以为可配德智体之三言。诚以德智所寄，不外于身；智仁体也，非勇无以为用。且观自来不永寿者，未必其数之本短也，或亦其身体之弱然尔。颜子则早夭矣；贾生，王佐之才，死之年才三十三耳；王勃、卢照邻或早死，或坐废。此皆有甚高之德与智，一旦身不存，德智则随之殒矣！夫人之一生，所乐所事，夫日实现。

〔现在我有要向您表达的：古人称有三个至高的德行，就是智育、仁义与勇气。当今的教育学者认为可把德育、智育、体育三者相配。这是非常有道理的！因为德与智所依托的都是一个好身体；同样，智、仁与体，如果没有勇气，也会用不上。而且，据我观察，自古以来，那些不能长寿的人，不一定是他的命里注定就短寿，许多是因为他不注

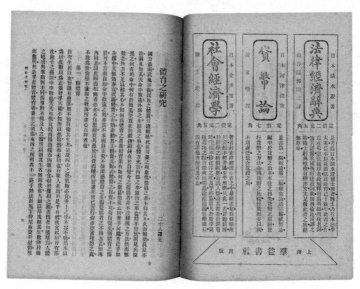

《新青年》上发表的《体育之研究》

重锻炼而身体变弱造成这样的状况。例如：颜回过早夭折；贾谊，有能辅佐国王的大才，死的时候年仅 33 岁；王勃、卢照邻，有的早死，有的成了废人。这些例子（中的人），都是有非常高的德和智，一旦他身体不能完好地保存，德、智也就跟随着毁掉了！人的一生啊，他最快乐的事是什么？就是"实现"理想。如果不能做到德、智、体全面发展，又怎能"实现"理想？〕

毛泽东感叹过去许多诗人、学者的德、智、体难以做到统一，因此导致过早身亡，或影响学业，或危及事业，更大的危害则是给国家造成损失。

因此，毛泽东强烈地关注着德、智、体全面发展。1917 年 4 月 1 日，他第一次在公开刊物上发表文章，这就是刊登在《新青年》第三卷第二号上，署名"二十八画生"的《体育之研究》。

毛泽东从小就注重体育锻炼。少年时代在故乡韶山，他常常徒步往返于自己家和外婆家，单程就是 15 公里。他还曾经在山林里徒步三天三夜，极大地锻炼了体力和胆量。他读书的南岸私塾门前有一口大水塘，他经常在这里游泳，后来有人说他是"少年游池塘，青年游湘江，老年游长江"。他帮助父亲干农活，包括晒谷、舂米、挑担等，都是非常好的体质锻炼。在东山学校，他开始进行有意识的体育锻炼：起得早，在围墙外跑，要跑个几圈；或者到东台山"魁星寿"塔呼吸新鲜空气，回来后便在河边或井里打冷水洗脸。

毛泽东是在长沙进行集中的体育锻炼。

学校浴室旁有一眼水井，他经常进行冷水浴。他还常进行日光浴，露宿也是毛泽东常做的。正是在大量的体育实践基础上，毛泽东形成了研究体育运动的心得，从而写出《体育之研究》。这不但是毛泽东人生中第一篇有代表性的学术论文，也是中国现代体育史最早的文献之一。全文共6000多字，包括1个短序和8个部分。8个部分即"释体育""体育在吾人之位置""前此体育之弊及吾人自处之道""体育之效""不好运动之原因""运动之方法贵少""运动应注意之项""运动一得之商榷"。

此文不只就体育论体育，而是从"国力恭（茶）弱，武风不振，民族之体质日趋轻细，此甚可忧之现象也"（国家贫弱，尚武的风气不振作，民族的体质一天天变得柔弱，这是极其值得担忧的现象）的高度谈起。毛泽东旁征博引，论及古今中外，把体育放到一个崭新的高度；文章重在论体育之必要，兼谈体育之法，也有具体操作程序，既有理

论性又有可行性。

他分析了各国体育，包括古代中国的养生、射箭、骑马，德国的击剑，日本的柔道；论述了德、智、体的关系，他认为"体育一道，配德育与智育，而德智皆寄于体。无体是无德智也"（体育是与德育、智育相匹配的，而德育、智育都依托于体育，没有体育，德育和智育便无从谈起），三者不可偏废。他特别强调："体者，为知识之载而为道德之寓者也，其载知识也如车，其寓道德也如舍。体者，载知识之车而寓道德之舍也。"（身体是知识的载具，又是储存道德的地方。它装载知识就如同车子一样，它蕴藏道德就像房子一样。所以，身体是装载知识的车子和蕴藏道德的房子。）

他强调体育的重要："善其身无过于体育。体育于吾人实占第一之位置。体强壮而后学问道德之进修勇而收效远。"（让身体变好的途径没有超过体育的。体育对于我们的重要性实在是占了第一的位置。身体强壮而后学问、道德就会得到勇猛进步，收效也会长远。）

他花了大篇幅来论述"体育之效"，他说，人也是动物，只是人是有理性的动物，那么，动物的"动"就是人与动物的共性："然何贵乎此动邪？何贵乎此有道之动邪？"（但是什么是运动中最可贵的呢？最可贵的是带有目的和方法的运动，也就是体育）"动"有什么作用呢？"动以营生也，此浅言之也；动以卫国也，此大言之也，皆非本义。动也者，盖养乎吾生，乐乎吾心而已。"（行动，能够借以谋生，这是非常浅显的道理；行动，能够保卫国家，这是大道理，都不是我要说的"动"的本义。我认为动，即行动、运动，是用来涵养我们的生命和心灵的。）

　　毛泽东又从不同年龄阶段谈到体育锻炼的效用，认为一生都可以进行体育锻炼，也就是说，体育锻炼并不只是年轻人的事。而且，毛泽东认为通过体育，弱者可以变强，如果不注重锻炼，强者也会变弱。

　　毛泽东进一步谈到精神与身体的关系，他认为："精神身体不能并完，用思想之人每歉于体，而体魄蛮健者多缺于思。其说亦谬。此盖指薄志弱行之人，非所以概乎君子也。"（精神和身体常常不能够同时完美，思想用得多的人，往往身体欠缺，而体魄蛮横强健的人，又往往缺乏思想。其实这种说法是错误的。他所指的只是那些意志薄弱的人，并不能把"君子"概括进去。）

　　毛泽东认为："勤体育则强筋骨，强筋骨则体质可变，弱可转强，身心可以并完。此盖非天命而全乎人力也。"（勤

奋地进行体育锻炼就可以强健筋骨，强健筋骨之后体质就会发生变化，弱的可以变强，身体与心灵都能够达到完美。这不是天生的命运而全在于人自身的努力。）

那么，体育与知识的关系为何？毛泽东说："非第强筋骨也，又足以增知识。近人有言曰：文明其精神，野蛮其体魄。此言是也。欲文明其精神，先自野蛮其体魄；苟野蛮其体魄矣，则文明之精神随之。"（不只是可以强健筋骨，还可以增长知识。近代有人说：要使精神达到高的文明程度，同时要让体质变得强健甚至野蛮。这句话太对了！想要文明其精神，首先就要野蛮其体魄。如果把身体练强健了，那么精神的文明也就跟随着能够达到。）

他举自己亲身实践的冷水浴、长跑为例："取例明之，如冷水浴足以练习猛烈与不畏，又足以练习敢为。凡各种之运动持续不改，皆有练习耐久之益。若长诓（距）离之赛跑，于耐久之练习尤著。"（举例来说，比如冷水浴足以练习猛烈和不畏惧，又能够练习敢作敢为。凡是各种运动，都有能够练习耐久的好处。如长距离赛跑，对耐久的训练就尤其有好处。）

他最后得出结论："体育之效，至于强筋骨，因而增知识，因而调感情，因而强意志。"（体育的效果，能达到强筋骨，因而也能增长知识、调节感情、强化意志。）

体育要达到效果，还要持之以恒，既要用力又要用心："有恒矣，而不用心，亦难有效。走马观花，虽日日观，犹无观也。心在鸣（鸿）鹄，虽与俱学，勿若之矣。……运动之时，心在运动，闲思杂虑，一切屏去，运心于血脉如何流通，筋肉如何张弛，关节如何反复，呼吸如何出入，而运作按节，屈伸进退，皆一一踏实。"（虽然能够坚持，但不用心，也难有效果。如同走马观花，虽然天天去看花，因为不用心，就像没看一样。如果读书时老是想着大雁，心思不在书里，即使与大家一起学习，也赶不上那个用心的人。……运动的时候，心要运动，不能开小差，一切闲杂的念头都要赶走，要把心思用在血脉如何流通，筋骨、肌肉如何有张有弛，关节如何反复运动，呼吸如何出入，而运动过程又要讲究节拍，有屈有伸，有进有退，一一落实。）

全文的最后，毛泽东不厌其烦地推介了他自己正在练习的一套体操动作。

在介绍这一套动作之前，他写道："愚既粗涉各种运动，以其皆系外铄而无当于一己之心得，乃提挈各种运动之长，自成一种运动，得此运动之益颇为不少。凡分六段：

手部也，足部也，躯干部也，头部也，打击运动也，调和运动也。段之中有节，凡二十有七节。以其为六段，因名之曰'六段运动'。兹述于后，世之君子，幸教正焉。"（我已经粗略地涉足各种运动，当然还都是外在的锻炼，而对于内在的心得未必都恰当，于是从各种运动中提取长处，自然形成一种运动，我从这个运动中得到的好处很不少。总共分为6段，分别是手部运动、足部运动、躯干运动、头部运动、打击运动、调和运动。每段中有节，总共27节。因为有6段，因此给它取名为"六段运动"。现在把这个运动在后面作一介绍，世上的君子们，请给以教诲和指正，有幸有幸！）

毛泽东推介的"六段运动"如下：

一、手部运动，坐势。

1.握拳向前屈伸，左右参，三次（左右参者，左动右息，右动左息，相参互也）。

2.握拳屈肘前侧后半圆形运动，左右参，三次。

3.握拳向前面下方屈伸，左右并，三次（左右并者，并动不相参互）。

4.手仰向外拿，左右参，三次。

5.手覆向外拿，左右参，三次。

6.伸指屈肘前刺（刺），左右参，三次。

二、足部运动，坐势。

1.手握拳左右垂。足就原位一前屈，一后斜伸。左右参，三次。

2.手握拳前平。足一侧伸，一前屈。伸者可易位，屈者惟趾立，臀跟相接。左右参，三次。

3.手握拳左右垂。足一支一揭，左右参，三次。

4.手握拳左右垂。足一支一前踢，左右参，三次。

5.手握拳左右垂。足一前屈，一后伸。屈者在原位，伸者易位，两足略在直线上，左右参，三次。

6.手释拳。全身一起一蹲，蹲时臀跟略接，三次。

三、躯干部运动，立势。

1.身向前后屈，三次（手握拳，下同）。

2.手一上伸，一下垂。绷张左右胸肋，左右各一次。

3.手一侧垂，一前斜垂。绷张左右背肋，左右各一次。

4.足丁字势。手左右横荡，扭掘腰胁，左右各一次。

四、头部运动，坐势。

1.头前后屈，三次。

2.头左右转，三次。

3.用手按摩额部、颊部、鼻部、唇部、喉部、耳部、

后颈部。

　　4.自由运动。头大体位置不动,用意使皮肤及下颚运动,五次。

　　五、打击运动,不定势(打击运动者,以拳遍击身体各处,使血液奔注,筋肉坚实,为此运动之主)。

　　1.手部。右手击左手,左手击右手。

　　(1)前膊。上面、下面、左面、右面。

　　(2)后膊。上面、下面、左面、右面。

　　2.肩部。

　　3.胸部。

　　4.胁部。

　　5.背部。

　　6.腹部。

　　7.臀部。

　　8.腿部。上腿、下腿。

　　六、调和运动,不定势。

　　1.跳舞,十余次。

　　2.深呼吸,三次。

　　《体育之研究》是对国民性的剖析,是号召国人站起来的一声号角、一阵战鼓。它发表在五四运动之前的《新青年》杂志上，对全国人民产生振聋发聩的影响。这意味着毛泽东要号召国人甩掉"东亚病夫"的帽子。毛泽东后来成为国家领导人，在这方面费力极多，更是发出"发展体育运动，增强人民体质"的号召，至今仍在激励人们为国家强盛而锻炼身体。

护校护城：胆识惊长沙

毛泽东所作《体育之研究》一文，出于长期有所感，也与一师即将举办的运动会有关。

1917 年 4 月 16 日，毛泽东崇敬的老师黎锦熙从北京回到长沙（5 月 15 日返京）。23 日，黎锦熙到宏文社，毛泽东与他见面，谈学。[1]

5 月 11 日，全校第四次运动会开幕，毛泽东任会场记录员，编印"快报"。

6 月，毛泽东参加一师学生"人物互选"活动，全校11 个班，400 多人参加，34 人入选，他得票最多。

---

[1] 据1917年4月23日黎锦熙日记，参阅《毛泽东早期文稿》第77页。

　　该活动是校章规定要做的，意在考查学生学业、操行，促进向上，培养、选拔人才。范围包含德、智、体。德：指敦品、自治、好友、克己、俭朴、服务等。智：指才具、言语、文学、科学、美育等。体：指胆识、卫生、体操、竞技等。

　　各班投票在本班教室进行，一人最多投 3 票，每票限 1 人。毛泽东敦品得 11 票、自治得 5 票、文学得 9 票、言语得 12 票、才具得 6 票、胆识得 6 票，共 49 票。当选者中，

班级	姓名	当选	黑数	编
第六班三年级	張昆弟	德、育	三四	敦品八　自治六　好學十六　克己五
第六班三年级	邹彝鼎	育	三五	敦品九　自具六
第六班三年级	彭道良	智、育	一三	胆识六　才具五
第七班三年级	劉俊德	育	五、	文學
第七班三年级	唐启然	智、育	一二	好學六　英算六
第七班三年级	毛泽东	育	四九	言語十二　敦品十一　文學九　才具六　胆识六　自治五
第八班三年级	林中斌	育	六、	好學　圖畫
第八班三年级	邹英华	智、育	一六	說話
第八班三年级	贺心恒	智、育	一〇	竞技二十二　自治九　好學十一　文學九

人物互选当选名次表　民国六年六月

湖南省立第一师范学校志　表第三　人物表　一五五

人物互选当选名次表

仅毛泽东得票德、智、体全覆盖，而全校学生得敦品票者仅4人，才具、言语除他外只有1人，胆识是毛泽东独得。其具体内容是：敦品，敦廉耻，尚气节，慎交友，屏外诱。自治，守秩序，重礼节，慎言笑。文学，长于国文词章。言语，长于演讲，论辩应对。才具，应变有方，办事精细。胆识，冒险进取，警备非常。

为什么一师校友对毛泽东评价如此之高？

这与上年发生的护校斗争有关。

1916年秋，孔昭绶复任一师校长，他奉教育部"提倡军国民教育"之令，组织成立"湖南省立第一师范学校学生课外志愿军"，以激发爱国、尚武精神，研究军事学术。把全校志愿参加者编为营，下设两连。这也是基于护校的考虑，因正值战乱，长沙地处南北要冲，致祸尤甚，而一师又在湘江畔、铁道边，校舍是一幢大洋房，或受骚扰，或驻重兵。本年即曾有汤芗铭的旅长李佑文旅部驻扎。

毛泽东最先报名，当选为连长。11月，北洋军傅良佐部被桂系谭浩明部击败，退往湖北，谭军还在衡山、湘乡、长沙演着空城计。

这日，传北洋军另一混成旅一部由株洲、湘潭溃退至距一师不远的猴子石，因不知虚实，未敢入城。学监方维

夏令师生避往城东5里的阿弥岭，毛泽东当即反对，主张积极护校，遂依其议。毛泽东独自前往猴子石窥察，之后作出安排：搬出所有桌椅障碍各道，毛泽东带领100名学生志愿军，另联络南区警察分局巡警若干，借部分警服。如此真假混杂，绕至猴子石，将溃兵包围。入夜，枪响，毛泽东等人向敌方喊话，一时草木皆兵，对方不战而降，全数缴械，次日由商会每人发7块银元遣走。

事后，同学邹蕴真问："万一当时败军开枪还击，岂不甚危？"毛泽东答："败军若有意劫城，当夜必将发动，否则，必是疲惫胆虚，不敢通过长沙城关北归，只得闭守于此，故知一呼必从，情势然也。"[①]

毛泽东因此事在校内名声大振，人称"毛奇"。

"毛奇"是谁？

毛奇全名赫尔穆斯·卡尔·毛奇（Helmuth Karl Bernhard von Moltke），普鲁士元帅和德意志帝国总参谋长，首创总参谋部，是德国最著名的参谋长，军事战略家。普奥战争、

---

① 周世钊：《毛主席青年时期的几个故事》，《新苗》1958年第9期，长沙：湖南人民出版社；马玉卿、张万禄：《毛泽东成长的道路》，西安：陕西人民教育出版社，1986年。

普法战争中打败奥军和法军的实际组织指挥者。在色当之战中取得决定性胜利，为实现德意志统一作出重大贡献，受封伯爵并于次年晋升元帅。

毛泽东得到"毛奇"这个雅号，倒不是说他与德国的毛奇有太多的相似，或者受到太大的影响，而是那种为国建功、为民立业的志向和追求不一般的人生价值观，在两人身上都表现出同一性的缘故。

湘西北的游学

1917 年 7 月 4 日，一师放暑假，毛泽东回乡小住后返回长沙，月中开始了游学之旅。如他后来在写给黎锦熙的信中所说："今年暑假回家一省，来城略住，漫游宁乡、安化、益阳、沅江诸县，稍为变动空气，锻炼筋骨。昨十六日回省，二十日入校，二十二日开学……"[①]

毛泽东穿着白色旧布上衣，带一把雨伞、一个布包，

① 中共中央文献研究室、中共湖南省委《毛泽东早期文稿》编辑组：《毛泽东早期文稿》，长沙：湖南人民出版社，2013年，第72页。

包内是换洗衣物、笔记本、毛笔、墨盒，同行者除萧子升外，还有萧和畅（蔚然），萧和畅是一师七班学生，安化人，非一同游学，而是同路回家。

三人从长沙文运街储英园巷的楚怡小学动身，在小西门坐船渡过湘江，经溁湾镇、白箬铺镇，行 90 里，当晚宿宁乡县城毛泽东的同班同学王熙家。次日由王熙陪同，参观了"宁乡第一景"香山寺，走访了劝学所、玉潭高小。劝学所所长余仕龙留他们住了一晚，还赠给他们一些盘缠，毛泽东和萧子升写对联答谢：

爱君东阁能延客，别后西湖赋予谁。

离开宁乡县城当天，毛泽东等三人到达宋家潭，住宋旦父家，与农民宋冬生座谈。宋旦父送他们到廖家老屋廖时畅家，于是沿着去安化的大路一路向西。

路上他们去拜访一位清末翰林刘先生，刘先生起初不见，毛泽东和萧子升写下一首诗《七绝·赠刘翰林联句》求见：

翻山渡水之名郡，竹杖草履谒学尊。

途见白云如晶海，沾衣晨露浸饿身。

此诗打动了刘先生，于是开门纳客，彼此讨论经书，又谈老子、庄子。

告别了刘翰林，他们去了回龙山的白云寺，也就是云山书院旧址云山学校。这时谢觉哉、王凌波正在这里教书。这两人后来都成为著名的革命家。

告别云山书院，他们接着往黄材镇、五里堆、横山湾方向，毛泽东一行特地绕道去杓子冲拜访何叔衡，在何家住了好几天。

何叔衡带大家参观了猪、牛栏，还有菜园、稻田，又走访了邻居。

告别何叔衡，三人缓缓南行，进入沩山，所到之处云蒸霞蔚；一水从重峦叠嶂中出，此水即宁乡县最大的河流沩水之上源。水出沩山，奔向平野，稻田绵延，山水交汇，地气升腾，隐隐地有一些古城垣。

这就是20年之后出土四羊方尊的地方，也是相传舜帝之子沩居住过的地方。

他们翻过大山，来到沩山古寺前，有两个和尚对着他们行佛礼，引他们走进寺院。

来到寺院后面的一间禅房，毛泽东、萧子升即放下包袱、雨伞去冲凉。二人请求见方丈。和尚初不愿引见，毛泽东意坚，和尚只得进去禀告，方丈盼咐见客。

毛泽东、萧子升走进方丈室，见方丈是一位50多岁的慈祥老者。室内摆设简单、清爽，四壁都是佛教经典和古

籍，一张旧桌上摆着文房四宝；在靠窗的花架上有一盆青翠的山茶盆景，茶树苍劲古拙。毛泽东与萧子升在方丈的招呼声中坐下，和尚已为大家上茶。

方丈是一个十分随和的人，也知现在的年轻人真正执着于佛教的不多，来此不是好奇探胜，就是开阔眼界，见识社会。因此，方丈也像1000多年以前灵佑问慧寂是有主沙弥还是无主沙弥那样，只是随随便便地询问二人情况，知他们是长沙学生，想了解佛教文化、考察社会，心里生出几分喜悦。于是，方丈便从禅宗初祖菩提达摩讲到立宗分派，引经据典，侃侃而谈。

毛泽东与萧子升二人对佛教历史知道不多，也插不上嘴，直到方丈谈到齐己，毛泽东才接过话头："记得元代辛文房的《唐才子传》中记述了诗僧齐己，说俗姓胡，很小便父母双亡，从小在这里长大，七岁时为寺里放牛，常取竹枝画牛背为小诗而传为佳话。"方丈说："毛先生好记性，齐己后游四海名山，不滞草木形骸，诗名日隆。"毛泽东说："他游至宜春投诗郑都官云：'自封修药院，别下著僧床。'郑谷说：'好是好，但一字未妥。'等了几天，齐己再去，他对郑谷说：'"别扫"如何？'"

毛泽东的谈话使得方丈从齐己转到寄禅。方丈与寄禅大师是同一辈人，自然比较了解，于是向他们二人介绍寄禅的情况，说："1912年11月1日他到北京，往见内务部礼俗司长杜关，要求政府下令禁止各地侵夺寺产未果，寄禅气结发病，12月2日夜在法源寺圆寂。"听罢方丈的讲述，毛泽东对那位先贤也是湘潭同乡由悲而生敬意。

次日上午，毛泽东和萧子升由小和尚法一引领参观寺院和院内的菜园、厨房。法一知这两位施主在长沙读书，很是羡慕。说自己1岁就来到寺里，但父母是谁，何方人氏，一概不知，不觉已15年了，还从来没下过山。毛泽东颇为同情，鼓励他多读书，也可出外云游，见世面。

下午，方丈再约见面。毛泽东问寺院有多少僧人，方丈说："本寺有百二十人，常有游僧来住，人员不定，最多时有八百僧人。""他们为什么跑到这里来呢？"方丈说："云游是修行的一种方法，不管走到哪里，总会得一些'悟'。"

萧子升问："全国像本寺这样的寺院有多少？""至少有百多个吧，我也讲不清楚。"毛泽东又问："有什么佛教方面的书籍出版吗？""有的，很多地方都刻印佛经和佛书，上海、杭州、南京尤多。"

毛泽东想起自己15岁时也曾到南岳衡山烧香朝拜。那年母亲病重，毛泽东去衡山进香，为病重的母亲祈福，从韶

山到衡山走近路也有100多里。毛泽东背着香、纸走到衡山，他感到十分劳累，但一想到这可以"帮助"母亲治病，就有了力量，再看到去衡山的许多人都是三步一跪、五步一拜，他就感动起来。

毛泽东、萧子升在沩山与方丈的长谈，让彼此都有相见恨晚之慨，只是此山非毛泽东之志，方丈虽然一再挽留，次日天刚亮，毛泽东与萧子升还是背起包袱，走出禅院，法一把他们送到山下，已是泪水涟涟……

毛泽东和萧子升沿着资水走去，但见河床很宽，但水流小。傍晚，月亮出来了，照着他们的身影，乍看好像有四个人在沙堤上行走。他们没有钱了，即使找到旅店也不会被接收住宿，于是决定在堤上露宿。沙地是床，蓝天是帐，月亮当灯，岸边一棵老树成了他们的衣架，找了两块石头作枕头，和衣躺下……[①]

次日晨，月如灯仍在高天，只是已有些斜，月光照着青山、清溪，鸡鸣了三遍，茶马古道已有马嘶人语，毛泽东不由吟道：

今宵月，直把天涯都照彻。

————————————————

① 据萧子升的回忆。

清光不令青山失，清溪却向青滩泄。

鸡声歇，马嘶人语长亭白。

一早趁凉赶路，上午 10 时来到梅城，也就是安化县城。时间约在 7 月底 8 月初。

毛泽东与萧子升在炎天暑热里游览了安化的名胜，有紫云山、东华阁、培英堂、孔庙、北宝塔。

毛泽东在北宝塔第七层壁上挥毫写下：

伊水拖蓝，紫云反照；

铜钟滴水，梅岭寒泉。

北宝塔

落款"毛润芝 民国六年八月秋"。

又游览了海拔 1360 米的云雾山，据说毛泽东也作诗一首：

高处登临放眼量，山清水秀好风光。

云雾生辉迎夕照，芙蓉吐艳浴朝阳。

洞庭浩渺回天际，黄鹤雄踞镇汉江。

若得仙霞常作伴，人间苦乐浑然忘。[①]

从云雾山下来后，毛泽东与萧子升即下榻孔庙。

毛泽东对祭孔器具和计时用的铜壶滴水产生了兴趣，观察良久。

在梅城，毛泽东、萧子升二人借阅了《安化县志》，对安化历史进行深入了解，知道清咸丰二年（1852）四月该地曾发生农民起义，为首者名叫黄国旭，他们怀着敬意寻访了起义壮士墓。

毛泽东还拜访了当地名流夏默安先生。这位先生毕业于两湖学院，这个时候担任县里的劝学所所长，先生为了考考毛泽东的学问，特意出一副对联，要毛泽东对下联。

———————————

① 据范亚湘：《湖南安化发现疑似毛泽东诗作〈云雾山〉手稿》，《长沙晚报》2013年11月15日。

夏默安出的上联是：

绿杨树上鸟声声，春到也，春去也？

毛泽东即对：

青草池中蛙句句，为公乎，为私乎？

夏默安深为叹服，与毛泽东、萧子升彼此探讨学问，临行，先生赠给毛泽东 8 块银元作路费。

这时萧和畅已经回到安化的家，毛泽东与萧子升在梅城颇费流连，之后顺资江而下。资江水质清冽无比，流淌在神奇的梅山峡谷间，蜿蜒如带。他们一路欣赏着山光水色，经仙溪、水口、长塘、马迹塘、桃花江，到益阳。

益阳在洞庭湖畔，资水滚滚入洞庭。古为荆州地，属姊胡国，春秋时属楚。秦始皇二十六年（前 221）设县，其地含今益阳和桃江。

三天后，毛泽东与萧子升往沅江，见沅水大涨，陆路阻塞，于是改坐货轮，8 月 16 日回到长沙。

毛泽东特意上照相馆，照了这次旅行结束的留影。[1]

───────────────

① 以上据《益阳县党史通讯》1984年第1期，萧瑜：《我和毛泽东的一段曲折经历》，北京：昆仑出版社，1989年。现所存1张毛泽东全身照，头发很短，可能即此次所照，而非已认定的1918年。

治学与壮游结合

学生时代，毛泽东有多次漫游，他在实践着古人"读万卷书，行万里路"的主张。1917 年 9 月 19 日是星期天，蔡和森提议到湘潭名胜昭山旅行。早饭后，毛泽东即与张昆弟先到渔湾市，随后彭则厚也来了，提议出游的蔡和森却因搬家不能同行。

昭山，位于湘潭、株洲与长沙交界之处，突兀耸立于湘江岸边。昭山之于湘潭，如同岳麓山之于长沙。既以临清流，瞰楚天之自然美，又因与众多名人相关而显人文之美。昭山因传说周昭王（一说楚昭王）在此去世而得名。郦道元《水经注》载："湘水又北径昭山西，山下有旋泉，深不可测。"

明末清初的大思想家王夫之曾这样描绘昭山：

日落天低湘岸杳。迎目茏葱，独立苍峰小。道是昭王南狩道。空潭流怨波光袅。

绿影寒澄春放棹。记得当年，渌水歌年少。明月南枝乌鹊绕。登楼何处依刘表。

昭山古迹非常多。山顶有建于唐代的昭山禅寺，山麓

有南宋著名抗金将领刘锜故居，还有秋瑾烈士墓（1907
年下葬，1912年迁走）和黄兴母亲墓等。

毛泽东显然是慕名来游。实际上，他往返于长沙、湘
潭之间，每次乘舟必经昭山，而正式登临此山，这是第一次。

三人沿铁路向南走。天气炎热，幸亏风大，稍解暑热。
走10余里，经大托铺，再前行6里后，在一家饭店休息吃
午饭。饭每大碗50文，小菜每碗20文，3人共吃了5大
碗饭、5碗小菜。饭后稍稍休息，大家看到店后有口大水塘，
便走下去预备降降温，可是水浅不及大腿，只得作罢。回
到店里拿起行李继续前行。没走3里，寻到一个水清且深
的港坝，三人跳下同浴。浴后，行14里至目的地。

太阳西斜，毛泽东与张昆弟、彭则厚由山背攀登，拾
级而上。至半山腰，见湘水清临其下，高峰秀挹其上，这
就是昭山。

山上有寺，寺内有和尚三四人。毛泽东等告以来意，
说想借宿。和尚起初不肯，毛泽东等便打算露宿树丛中，
和尚这才答应借宿。

晚饭后，三人一起由山的正面下到湘江水滨，去湘江
游泳。泳后，盘沙对语，水波助语，领略天地之乐。如此
良久，由原路上山，谈笑风生。

毛泽东常去游泳的湘江

　　重新来到山顶，见和尚等候在寺门口。这时星光照下，树色苍浓，隐隐生气勃发。进寺，和尚带毛泽东等人进一客房，指着一张大床说，这就是他们的宿处，还借给他们一床小被。

　　大家却没有马上就寝。三人来到房外小楼纳凉。南风乱吹，谈语颇久。毛泽东发表了他的一番高见，说："西方物质文明极盛，因此被衣、食、住三者束缚，只是满足身体的发达罢了。假如人生仅仅局限在这衣、食、住三方面就满足，那人生就太没有价值了！"

　　毛泽东说这些话的时候，似乎陷入了深思，他缓缓地说道："我们一定要想一个最容易的方法，来解决经济问题，然后再去寻求怎么样完成我们的理想和改造世界。"

他十分有决心地说："人如果能做到心力与体力融合发力这件事，那就没有什么事是做不成的！"

在这么美好的夜晚，毛泽东说这些话时，彭则厚却半开玩笑地说想出家当和尚，但他真正的想法是数年后邀大家还到这山上来读书，毛泽东、张昆弟都说"要得要得"，毛泽东隐居读书的想法特别坚决。

张昆弟用诗记录了此情此景：

风吹树扰声天籁，欲报无从悟弃形。

夜深，三人始睡。[①]

回到长沙后，9月22日，毛泽东与张昆弟又到湘江游泳，泳后宿麓山蔡和森家，夜谈颇久，主要内容是国家大事。毛泽东说："现在国民性情，虚伪相崇，奴隶

---

① 据张昆弟1917年9月16日日记。张昆弟（1894—1932），字芝圃，湖南省益阳县板溪乡人。湖南省立第一师范学校学生，与毛泽东感情甚笃。为新民学会会员。1919年赴法勤工俭学，1921年冬回国，次年加入中国共产党，领导过京汉铁路工人大罢工。1928年出席中共六大，列席共产国际六大。1931年以中央工运特派员身份到湘鄂苏区，曾任红五军团政治部主任、湘鄂西省总工会党团书记，1932年牺牲于洪湖。

性成，思想狭隘，安得国人有大哲学家，大伦理革命家，如俄之托尔斯泰其人，以洗涤国民之旧思想，开发其新思想。"（现在国民的性情，互相推崇虚伪，养成奴隶一样的性格，思想也相当狭隘，怎样在国人里拥有大哲学家、大革命家，就像俄国的托尔斯泰那样的人，来洗涤国民的陈旧思想，开发他们的新思想。）但毛泽东这时并不主张暴力革命，而提倡"家族革命，师生革命"，"革命非兵戎相见，乃除旧布新之谓"（革命并不一定都是兵对兵、枪对枪，只是革除旧物旧观念产生新事物新观念的称谓）。

次日早起，三人上岳麓，沿山脊而行，至书院后下山。

忽然凉风大发，空气清爽。他们便作空气浴、大风浴，一时胸襟洞彻，旷然有远俗之慨。10点钟，大家才回到蔡家。

这年中秋夜，毛泽东与罗学瓒、李端纶、邹蕴真、张超等16人，划两只小船，于清风明月间谈笑吟诗，环游水陆洲（即橘子洲）。

真是意气风发！

毛泽东治学与壮游结合，他不再是一介书生，而将成为社会活动家。他不会如象牙塔中的苦吟者，为一字一句呕心沥血，他要把诗歌洒向人类众生，同时诗化自己的生命……他不想做杜甫那样独善其身的无奈诗人，亦不会成为李白那样的飘然诗仙，或许，像屈原特别是曹操——诗人政治家的形象与毛泽东的形象更为吻合。

毛泽东的足迹遍布湖湘名胜。他到长沙城郊的拖船埠拜谒禹王碑，凭吊禹王在此拖船的遗迹；他去探访伟大的爱国诗人屈原的故居（位于玉笥山）、汉代的贾太傅祠、杜甫住过的岳麓山崇德寺、辛弃疾在长沙的练兵场——飞虎营；他还到了湖湘学派大师、杰出诗人王夫之的故乡衡山；他更时常攀登太平天国著名领袖萧朝贵血战清军的古战场——妙高峰……

游学的经历大大开阔了毛泽东的视野，在游学中，他也萌发出许许多多对人生、社会、国家的思索。

终身未得真理即终身无志

毛泽东的性格、品质表现在为人处世上，尤其在那些主动干预社会问题的事件中。他的思想和人生观则从他的作品，包括书信、论文、笔记以及旁人的记叙中尽情显露。

1917 年，毛泽东留存至今的墨迹计有信 2 封：《致

《夜学日志》首卷

白浪滔天信》（1917年春）、《致黎锦熙信》（1917年8月23日）；论文2篇：《体育之研究》（1917年4月1日）、《〈一切入一〉序》（1917年夏）；札记4篇：《国文教授案》（1917年9月）、《夜学招学广告》（1917年10月30日）、《夜学日志首卷》（1917年11月）、《〈伦理学原理〉批注》（1917年至1918年）。

1917年8月23日写给黎锦熙的信① 是一份极有价值的研究材料，信的开头写道："邵西先生阁下：省城一面，几回欲通音问，懒惰未果。近日以来，颇多杂思，四无亲人，莫可与语。……歧路彷徨，其苦有不可胜言者……"（尊敬的邵西先生：在省城见过面后，几次都想写信问候，

---

① 黎锦熙1917年4月16日从北京返长沙，4月23日其日记中载："上午到社晤毛润之，谈学。"5月15日离长沙赴京，3个月后毛泽东写此信。

但因为懒惰而没有动笔。最近一段时间以来，有相当多的杂乱想法，四面一看，又没有可以说话的亲人。……处在分辨不清的岔路上犹豫徘徊，其中的痛苦是言语不能够表达完的……）

毛泽东写此信的目的便是向知己兼老师的黎先生痛陈他对时局的看法，尤其是新近获得的对国民性的认识。无疑，他还没有寻找到解决中国问题的根本方法，但对此已有若干设想。

先论时局："今之天下纷纷，就一面言，本为变革应有事情；就他面言，今之纷纷，毋亦诸人本身本领之不足，无术以救天下之难，徒以肤末之见治其偏而不足者，猥曰吾有以治天下之全邪！此无他，无内省之明，无外观之识而已矣。"（现在天下乱纷纷的，就一个侧面说，本来是变化革新应该有的情形；但从另外方面来说，现在这种乱纷纷，不也是因为大家自身本领不够，没有办法拯救天下的灾难，只能拿一些肤浅和末节的见解来幻想治理国家的某些偏颇和不足，那么，有人要悄悄地问：我有用来全方位地治理天下的办法吗？这没有别的，无对内省察自己的明智，也没有向外看社会的卓识罢了。）在毛泽东看来，当时天下大乱，正因无治国大才的缘故。

　　那么，袁世凯、孙中山、康有为三人如何？"孙、袁吾不论，独康似略有本源矣。然细观之，其本源究不能指其实在何处，徒为华言炫听，并无一干竖立，枝叶扶疏之妙。"（孙中山、袁世凯我暂且不谈论，唯独康有为稍微有本源。但是仔细观察他，他的本源我们终究也不能指出实际在哪里，只是外表华丽，炫目动听，并没有一根主干竖立起来，都是一些看上去美妙却稀稀疏疏的枝条叶片罢了。）显然，毛泽东对他曾崇拜的康有为乃至孙中山都失望了，觉得他们才力不济，袁世凯当然更在不齿之列。

　　毛泽东抬出一人，也是当时湖湘大地最为推崇的一人，"愚于近人，独服曾文正"（我对近代人，只佩服曾文正公，即曾国藩），他认为曾国藩才是才力与学识兼备之人，是"有本源"的人。的确，曾国藩非同一般，他之所以能把太平天国运动扑灭，成为"中兴名臣"，的确有过人之处。他集兵、儒于一身，既能统兵，又善于把儒家思想发扬光大，演化为忠义血性的尚武精神。换句话说，他不是单纯的武夫，而是善于以儒制军的"思想家"。这一时期的毛泽东，尚未认清曾国藩镇压农民起义、维护清廷统治的一面，所以赞扬曾氏"观其收拾洪杨一役，完满无缺。使以今人易其位，其能如彼之完满乎？"（看看他收拾洪秀全和杨秀清一战，那么完满，没有缺陷。假使拿现在的人与曾国藩换位，能够像他那样完满无缺吗？）

毛泽东最为佩服曾国藩的学"有本源"。他看到"社会之组织极复杂，而又有数千年之历史，民智污塞，开通为难"（中国社会要组织起来极为复杂，又加上有几千年的历史包袱，民众的智慧被污染堵塞，要打开、畅通真是太难了）。毛泽东说："欲动天下者，当动天下之心，而不徒在显见之迹。"（想要发动天下，应当要发动天下的人心，而不只是在表面留下易见的痕迹。）由此他谈到要寻找"大本大源"，说："动其心者，当具有大本大源。"（要拨动人心，应当具备和掌握大的根本和大的来源，也就要发现和掌握真理。）他看到："今日变法，俱从枝节入手，如议会、宪法、总统、内阁、军事、实业、教育，一切皆枝节也。"（今天的变法，都是从细枝末节入手，例如议会、宪法、总统、内阁、军事、实业、教育，这些都是枝节，主干应当是真理，即大本大源。）

他并不认为枝节就可以忽略，关键是要从枝节中找出本源："枝节亦不可少，惟此等枝节，必有本源。本源未得，则此等枝节为赘疣，为不贯气，为支离灭裂，幸则与本源略近，不幸则背道而驰。"（枝节当然也是不能少的，只

是这样的枝节，一定有根本有来源。如果根本和来源没有得到，这些枝节就是多余的，就是不通气，就是支离破碎，如果幸运，与大本大源可能略微接近，如果不幸运就与大本大源背道而驰。）

毛泽东所谓的"大本大源"是什么呢？其实就是救国救民的真理，他说："夫以与本源背道而驰者而以之为临民制治之具，几何不谬种流传，陷一世一国于败亡哉？而岂有毫末之富强幸福可言哉？夫本源者，宇宙之真理。"（拿了那些与本源背道而驰的东西作为统治和管制人民、国家的工具，有多少不错误的种子流传，让一个时代和一个国家陷落在失败和灭亡之中的呢？哪里会有一丝一毫的富强或者幸福可说呢？那个本源，就是宇宙的真理。）

毛泽东的探究上升到"宇宙之真理"，足见达到相当高的境界。他认为治理天下的根本，在于寻到真理，而真理正是存在于民众之中，"天下之生民，各为宇宙之一体，即宇宙之真理，各具于人人之心中，虽有偏全之不同，而总有几分之存在"（天下的黎民百姓，各人构成宇宙的整体，也就是说，宇宙的真理，都各自蕴藏和表现在每一个民众的心中，即使有部分或全面的不同，但总有几分存在）。他认为，要从大乱到大治，须抓住民心，想人民之所想，"今吾以大本大源为号召，天下之心其有不动者乎？天下之心皆动，天下之事有不能为者乎？天下之事可为，国家有不富强幸福者乎？"（现在我们用大本大源来号召，天下的人心难道有不被打动的吗？天下的人心都动了，天下的事还能不成功吗？天下的事都可以做了，国家还有不富强、幸福的吗？）

由此，毛泽东认为："当今之世，宜有大气量人，从哲学、伦理学入手，改造哲学，改造伦理学，根本上变换国之思想。此如大纛一张，万夫走集；雷电一震，阴曀皆开，则沛乎不可御矣！"（当今的世界，应当有大气量的人，从哲学、伦理学入手，改造旧哲学、旧伦理学，从根本上变换国家的思想。这就像大旗一张开，成千上万的人便跟着旗子行走或会集；雷电一震动，满天的阴云都散去，那真是如大水汹涌不可阻挡啊！）

这正是毛泽东一生孜孜不倦追求的目标，也是他一生取得的最大成功之所在。

毛泽东实际上在呼唤一场思想革命，而思想革命恰是两年后爆发的五四运动的主题。

毛泽东进一步论述："觉吾国人积弊甚深，思想太旧，道德太坏。夫思想主人之心，道德范人之行，二者不洁，

遍地皆污。""吾国思想与道德，可以伪而不真、虚而不实之两言括之，五千年流传到今，种根甚深，结蒂甚固，非有大力不易摧陷廓清。"（"我觉得我们国家的人们积累下来的弊病极深，思想太旧，道德太坏。思想是支配人心的，道德是规范人的行为的，两者不干净，遍地都脏兮兮！""我们国家的思想与道德，可以用虚伪而不纯真、虚浮而不实在两句话概括，五千年的流毒流传至今，种子和根源非常深厚，结下的瓜蒂也非常牢固，没有大力气不容易摧毁和肃清。"）毛泽东对中国传统文化的批判，达到如此深刻的程度！那么，对待西方文化又如何呢？

"吾意即西方思想亦未必尽是，几多之部分，亦应与东方思想同时改造也。"（我的意见，即使西方的思想也未必都是对的，其中有一些部分，也应当与东方思想同时进行改造。）

　　毛泽东谈到改造社会的担当者——青年一代的问题，重点谈"立志"。他认为："真欲立志，不能如是容易，必先研究哲学、伦理学，以其所得真理，奉以为己身言动之准……如此之志，方为真志，而非盲从之志。""十年未得真理，即十年无志；终身未得，即终身无志。"（"真的要立志，就不可能轻而易举，一定要先研究哲学、伦理学，从中得到真理，奉它为言语、行动的准则……像这样的志向，才是内心真实的志向，而不是盲目跟从别人的志向。""十年没有得到真理，那么就是十年没有实现志向；终身没有得到真理，那就终身没有实现志向。"）

他由此而联系世人，谈到圣人、贤人与愚人、小人等问题，痛陈圣人太少，愚者当道，呼吁"立德、立功、立言以尽力于斯世者，吾人存慈悲之心以救小人也"（树立品德、建立功业、创立学说，用以对这个世界尽一份力量，我们这些人都要保存一份慈悲的心用来拯救底层百姓啊）。

课堂笔记里的金句

1917 年下半年至 1918 年上半年，毛泽东从杨昌济先生那里获得了一场重要的思想历练，那就是系统学习西方伦理学，听先生讲授《伦理学原理》。

《伦理学原理》是德国哲学家、伦理学家包尔生（1846—1908）的主要代表作《伦理学体系》的一部分。包尔生，1871 年毕业于柏林大学，4 年后任该大学教授。

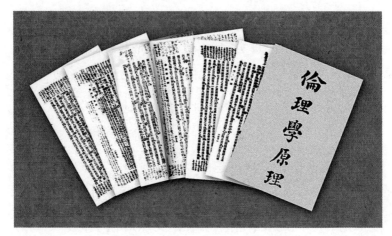

毛泽东读过的《伦理学原理》

他的哲学观点是二元论，伦理思想的特点是调和直觉与经验、动机与效果、义务与欲望。1900 年，日本学者蟹江义丸把这《伦理学体系》的"序论"部分和第二篇"伦理学原理"译成日文，用《伦理学原理》为书名出版。1909 年，蔡元培把日文本译成中文，由商务印书馆出版。

毛泽东在听杨昌济讲授和自己阅读这本书的过程中做了大量批注，行间、上下两旁写满字，并密加圈点。原书10 万字，批注就有 12000 多字。毛泽东写给黎先生的一封长信中提出"本源说"和改造哲学、伦理学等观点，实际上都是研读这本书后的心得体会。

毛泽东承认客观先于主观，自然先于人后，又强调人即神，人亦自然，人力也可影响自然，并对压抑人性的三纲及教会、资本家、君主、国家发起抨击。这体现出五四的时代精神。他批注的内容大致如下：

一、论自然与人的关系。

谈人与自然法则的关系：

人类者，自然物之一也，受自然法则之支配，有生必有死，即自然物有成必有毁之法则。凡自然法则者，有必然性。

（人类是自然物的一部分，所以也要受自然法则支配，有生一定有死，这就是自然物有形成也必然有毁灭的法则。凡是自然法则，都有必然性。）

谈如何寻求真理：

有无价值人为之事也，是否真理天然之事也。学者固当于天然本质中求真理……

（有没有价值，这是人能做的事；是否是真理，却是天道规律决定的事。做学问的人本应当在大自然的本质中去寻求真理……）

论"善恶"的判断标准与事实的关系：

某事某物之善与不善，乃人所随意呼加，视其与人类

生活之关系如何而定也。

（某一件事某一个物，判断它是好还是不好，是人所随意加上去的，要看它与人类生活的关系如何来定。）

吾重在当时为善为恶之事实而已，以其事实论为善者善，为恶者恶。……吾人评论历史，说某也善，某也恶，系指其人善恶之事实，离去事实无善恶也。

（我重视当时当地做善事做坏事的事实罢了，凭借事实来论善恶，做善事的就是善，做坏事的就是坏……我们这些人评论历史，说某某好，某某坏，是指那个人做好事或坏事的事实，剥离事实，就不能说善或恶了。）

论联系主观、客观的途径是实践：

欲求某种效果，必行含有某种效果之行为。

（想要求得某种效果，一定要实践含有某种效果的行为。）

固应主观、客观皆满足而后谓之善也。

（本来就当让主观、客观条件都满足而后才能称为好。）

吾人须以实践至善为义务。

（我们必须以实践最高境界的善作为义务。）

二、谈人的巨大力量（即主观能动性）。

论自然之力与人之力的关系：

服从神何不服从己，己即神也，神以外尚有所谓神乎？

（服从神，为什么不服从自己？自己就是神！神以外还有所谓神吗？）

吾人虽为自然所规定，而亦即为自然之一部分。故自然有规定吾人之力，吾人亦有规定自然之力，吾人之力虽微，而不能谓其无影响。

（我们人虽然要受自然支配，但也是自然的一部分，因此自然有规定我们人的力量，我们人也有规定自然的力量，我们人的力量虽然微小，却不能说人的力量对自然没有影响。）

个人有无上之价值，百般之价值依个人而存，使无个人（或个体）则无宇宙，故谓个人之价值大于宇宙之价值可也。故凡有压抑个人、违背个性者，罪莫大焉。故吾国之三纲在所必去，而教会、资本家、君主、国家四者，同为天下之恶魔也。

［人的个体有无上之价值，万事万物的价值是依据人的个体而存在的，没有个人（或个体），那就没有宇宙，所以可以说个人的价值大于宇宙的价值。凡是有压抑个人、违背个性的，没有比这更大的罪过了。所以我们国家的"三

纲"（君为臣纲、父为子纲、夫为妻纲），必须要除掉，因为它与教会、资本家、君主、国家这四种，都是天下的恶魔。]

三、承认矛盾斗争，主张改造社会。

人世一切事，皆由差别比较而现，佛言泯差别……

（人世间的一切事，都是由差别、比较体现出来的，不要说没有差别……）

河出潼关，因有太华抵抗，而水力益增其奔猛。风回三峡，因有巫山为隔，而风力益增其怒号。

（黄河冲出潼关，因为有华山阻挡，而水的力量更加增加了黄河的奔涌威猛。大风在三峡迂回，因为有巫山隔绝，而风力更加增加了风的怒号。）

世上各种现象只有变化，并无生灭成毁也，生死也皆变化也。既无生灭，而只有变化，且必有变化，则成于此必毁于彼，毁于彼者必成于此，成非生，毁非灭也。生于此者，必死于彼，死于彼者，必生于此，生非生，死非灭也。

（从世界上各种现象来看，只有变化是永恒的，其实并没有绝对的生、灭、成、毁，生、死都在变化。既然没有生成或毁灭，而只有变化，而且一定有变化，那么，在这里生成一定会在那里毁灭，在那里毁灭一定会在这里生成。成不是生，毁也不是灭。生在此处的，一定死在他处，死在他处的，一定又生在此处，生不是生，死也不是灭。）

这段话充满着辩证法，毛泽东由此谈到国家的变迁：

国家有灭亡，乃国家现象之变化，土地未灭亡，人民未灭亡也。国家有变化，乃国家日新之机，社会进化所必要也。

（国家有灭亡，是国家现象的变化，土地并未灭亡，人民并未灭亡。国家有变化，正是国家更新的机会，也是社会进化的必要。）

他举例说：

今之德意志即从前之日耳曼，土地犹是也，人民犹是也。

（现在的德意志，就是从前的日耳曼，土地还是原来的土地，人民还是原来的人民。）

他从外国谈到中国：

吾尝虑吾中国之将亡，今乃知不然。改建政体，变化民质，改良社会，是亦日耳曼而变为德意志也，无忧也。

（我曾经忧虑我们国家或许将要灭亡，现在才知道不是这样。改建政治体制，改变人民素质，改良社会结构，这也就相当于日耳曼变成德意志，不必忧虑。）

那么，问题的实质在哪里？

惟改变之事如何进行，乃是问题。吾意必须再造之，使其如物质之由毁而成，如孩儿之从母腹胎生也。

（只有改变的事如何进行，才是大问题。我认为必须再造国家，使它如同物质由旧的毁灭而生成新的，又像婴儿从母亲肚子里出生一样。）

毛泽东主张进行涤旧创新的革命：

国家如此，民族亦然，人类亦然。各世纪中，各民族起各种之大革命，时时涤旧，染而新之，皆生死成毁之大变化也。宇宙之毁也亦然。宇宙之毁决不终毁也，其毁于此者必成于彼无疑也。吾人甚盼望其毁，盖毁旧宇宙而得新宇宙，岂不愈于旧宇宙邪！

（国家是这样，民族也是这样，人类也是这样。在过去的各个世纪中，各民族兴起各种大规模的革命，每次都是洗涤旧的，变成新的，都是生、死、成、毁的大变化。宇宙的毁灭也是这样。宇宙毁灭，绝不是最终毁灭。它在这里毁灭，一定又在那里新生，这是没有疑问的。我们这些人非常盼望它的毁灭，大概是因为毁灭了旧宇宙，就能得到新宇宙，难道不是比旧宇宙更好吗？）

以上虽仅选录批注的一小部分，但可以看到毛泽东当年对《伦理学原理》曾倾注多么大的工夫去钻研、思考并发而为文！24 岁的毛泽东进入探究宇宙真理的阶段。这为他以后长时间地研究哲学并撰写相关著作打开了大门，也使他逐渐形成不同于一般政治家、军事家的特点：他拥有广阔而深厚的哲学思辨能力。

《伦理学原理》对毛泽东一生都有影响，或者说，这本书为他的世界观、方法论打下了最初的基础。

新中国成立后，周世钊把写有大量批注的《伦理学原理》的原件交给毛泽东，毛泽东非常惊喜，但只是淡淡地说："这本书的道理也不那么正确，它不是纯粹的唯物论，而是心物二元化。只因那时我们学的都是唯心论一派的学说，一旦接触一点唯物论的东西，就觉得很新颖，很有道理，越读越觉得有趣味。它使我对于批判读过的书，分析所接触的问题，得到了启发和帮助。"①

---

① 中共中央文献研究室、中共湖南省委《毛泽东早期文稿》编辑组：《毛泽东早期文稿》，长沙：湖南人民出版社，2013年，第99—261页。

集合同志，创造新环境

1918 年 4 月，新民学会正式成立。这个学会发起人除毛泽东外，还有蔡和森、萧子升。毛泽东在 1920 年冬编印的《新民学会会务报告》中说："新民学会的发起，在民国六年之冬。发起的地点在长沙。发起人都是在长沙学校毕业或肄业的学生。"①

"新民"二字取自中国古典名著《大学》中首句"大学之道，在明明德，在亲民，在止于至善"。

为什么要成立新民学会呢？毛泽东解释："这时候，这些人大概有一种共同的感想：就是'个人及全人类的生活向上'。'如何使个人及全人类的生活向上？'乃成为一个迫待讨论的问题。这时候尤其感到的是'个人生活向上'的问题，尤其感到的是'自己生活向上'的问题。相与讨论这类问题的人，大概有十五人内外。有遇必讨论，有讨论必及这类问题。讨论的情形至款密，讨论的次数大

---

① 毛泽东：《新民学会会务报告》。另据萧三日记载为1918年4月14日。

概在百次以上。至溯其源，这类问题的讨论，远在民国四五两年，至民国六年之冬，乃得到一种结论，就是'集合同志，创造新环境，为共同的活动'。于是乃有组织学会的提议，一提议就得到大家的赞同了。"

毛泽东又说："这时候发起诸人的意思至简单，只觉得自己品性要改造，学问要进步，因此求友互助之心热切到十分。这实在是学会发起的第一个根本原因。又这时候国内的新思想和新文学已经发起了，旧思想、旧伦理和旧文学，在诸人眼中，已一扫而空，顿觉静的生活与孤独的生活之非，一个翻转而动的生活与团体的生活之追求。这也是学会发起的一个原因。还有一个原因，则诸人大都系杨怀中先生的学生，与闻杨怀中先生的绪论，作成一种奋斗的和向上的人生观，新民学会乃从此产生了。"

1918 年是毛泽东人生的转折点，此时他 25 岁，学业初成，知识的基础已经夯实，性格、特质趋于定型，影响他一生事业成败的思维方式也彰显出来。

因为行将毕业，大家都在考虑向外发展的问题。3 月，毛泽东草拟新民学会章程第一稿和赴日本求学计划，向各位发起人征求意见。31 日，萧三日记载："二兄（指萧子升）来坐已久，交阅润芝之所草新民学会简章。二兄

第五章　会当水击三千里

229

意名为新民会云。又述润芝等赴日本求学之计划。"4月，毛泽东重新起草章程，萧三4月8日记载："接二兄手书，力主予出洋。付来润芝所重草新学会简章。"13日，"夜，润芝来，明日新民学会开成立会"。学会名称，由"新民会"改为"新学会"再改为"新民学会"。

新民学会成立的这一天，"天气晴明，微风掀拂江间的绿波和江岸的碧草，送给到会诸人的脑里一种经久不磨的印象"①。成立会在蔡和森家中间屋举行，参会的共13人，蔡和森的母亲葛健豪、妹妹蔡畅都在场。后来，罗章龙用诗记载了新民学会成立的盛况：

济济新民会，风云一代英。

沩痴盟众士，荣水泛流觞。

佳气郁衡麓，春风拂郡城。

庄严公约在，掷地作金声。

根据新民学会成立时的决定，罗章龙将前往日本求学，他还特意取了个日本名"纵宇一郎"，学会成员在长沙北门外平浪宫为罗章龙饯行。毛泽东作《七古·送纵宇一郎东行》赠别：

---

① 毛泽东：《新民学会会务报告》第一号语，1920年冬编印。

云开衡岳积阴止，天马凤凰春树里。

年少峥嵘屈贾才，山川奇气曾钟此。

君行吾为发浩歌，鲲鹏击浪从兹始。

洞庭湘水涨连天，艟艨巨舰直东指。

无端散出一天愁，幸被东风吹万里。

丈夫何事足萦怀，要将宇宙看稊米。

沧海横流安足虑，世事纷纭从君理。

管却自家身与心，胸中日月常新美。

名世于今五百年，诸公碌碌皆馀子。

平浪宫前友谊多，崇明对马衣带水。

东瀛濯剑有书还，我返自崖君去矣。①

此诗抒发的是友情和奋斗的激情。毛泽东与罗章龙的友谊建立在志同道合基础上，诗的情感已完全摆脱"悲伤"这一类名词，至多也只有一个"愁"字，而这个"愁"也只不过是文人的"强说愁"，还没等其稍稍扩散，就被东风吹到万里之外。一位豪放派诗人的身形，已从写《五古·挽易昌陶》时的潜藏状态变得明显，呼之欲出！这

---

① 中共中央文献研究室、中共湖南省委《毛泽东早期文稿》编辑组：《毛泽东早期文稿》，长沙：湖南人民出版社，2008年，第262页。

首诗情调与意象都变得开朗豪放：春天已经来了，群山从云雨中挣脱而出。湖南一方热土，本是一个出人才的地方，毛泽东以古代贾谊自况，决心要为国出大力，建奇勋！他塑造了"涨连天"的洞庭、湘水，"直东指"的"艨艟巨舰"等极壮美的意象，又直接抒发了自己的豪情壮志：把宇宙看成秭米，不再顾虑一己一身的小事或人世间的各种纠纷，而要去创造一个全新的世界，甚至要建立"王者"的事业。这是何等的壮怀激烈！真是化范仲淹的"先天下之忧而忧，后天下之乐而乐"与岳飞"饥餐胡虏肉"的壮志豪情于一身。

此诗另一特点是使用典故，由此可见毛泽东古典文学功力之深（这也是他后来许多诗词的特点）。例如，"屈贾才"之典（屈原、贾谊都是与湖南历史密切相关的伟大的爱国者和大文学家，但他们生时都不得重用而过早死去，值得注意的是，毛泽东在诗中未去谈他们的凄惨一面，而只是推崇他们的"才"并自比），以及庄子的"鲲鹏击浪"之典（鲲鹏自古为胸怀伟大抱负者的象征）。

从此诗的空间来看，也是博大雄奇的。由平浪宫到湖湘大地，由岳麓山到衡山山脉，再到洞庭湖，更到万里天空乃至无边宇宙。与毛泽东后来在《七律·长征》中所写的"乌蒙磅礴走泥丸"相似的是，毛泽东在这首七古中竟把"宇宙"看成"秭米"，修辞上这属于缩小夸张，更重要的是反映了诗人不把困难放在眼里的豪迈情怀。与李白所谓"白发三千丈"相比，手法相同而意境截然相反（李白写的是"缘愁似个长"）；李白也曾描绘"蜀道"，在李白的眼里是"危乎高哉！""难于上青天"，可是毛泽东却翻越过去，"三军过后尽开颜"。这就是古今两位同属豪放派诗人的不同！

试将全诗译成现代散文：

逶迤的南岳衡山余脉，从多日的阴雨天中，推开层层的浓云，显出她的本来雄姿，天马、凤凰二峰上的树木，摇动着春风，格外婀娜多姿。当年才气勃发的屈原、贾谊曾生活在这一片热土，却年纪轻轻死去，空怀满腔的抱负！啊，湖湘文化与山川孕育的浩然正气，曾凝聚于此！正是所谓"地灵人杰"！

你即将远去，我为你高歌送行，从此你将如鲲鹏展翅，乘风破浪。看啊，湘江与洞庭湖汇合，水涨连天，浩浩汤汤，你坐的轮船直指那东方的大海。我不知何故散发出充满天地的愁绪，幸亏一阵东风吹来，愁丝便飘到了万里之外。男子汉大丈夫，有什么事足以在内心萦绕不去？要把无穷

的宇宙也看成一粒渺小的种子。沧海横流有什么值得忧虑？世事纷纷有你和我去料理。哪管一己一家，只要胸中怀有天下，每天升起的太阳、月亮就总是新的。古人曾说"五百年必有王者兴"，可是到如今我们还是碌碌无为。诸君应当发愤努力！在这湘江边的平浪宫里，我们畅叙友谊！中国的崇明岛与日本列岛一衣带水，彼此近邻，你到东瀛去磨快你的宝剑，希望经常有书信回来，你就要远去，我为你送行！

这首七古蕴含着深厚的湖湘文化元素，同时，七古的形式是毛泽东第一次使用也是最后一次使用，但他后来的诗歌一如既往地保持着豪迈风格。

第六章

梦在长城渤海间

他把现实留给了自己，把未来留给了别人。

毕业后的规划与行动

　　1918年农历三月，毛泽东与同学照了毕业照。他召集学友会会员开会，办理移交手续。他先回顾、总结其任总务一年来的工作，然后将本会一切会费、器物、图书及簿据等移交清楚，最后提出好些建议，其中有增设"交际部"一议。

1918年农历三月，毛泽东与同班同学合影

毕业前夕，毛泽东与杨昌济先生依依惜别，因为先生受聘要去北京大学任教，师生分别在 5 月 22 日左右。6 月 10 日前后，毛泽东从一师毕业了，这标志着他走向社会，从此将全身心投入社会活动。

这时的毛泽东仍受着多种思想的影响，其中空想社会主义、新村主义（无政府主义的一种）让他一度梦想过一种"新社会生活"。

夏天，他与蔡和森、张昆弟、陈书农、熊子容、周庭藩等带着简朴的行李，来到岳麓山，寄居岳麓书院半学斋。

岳麓书院是北宋时期著名的四大书院之一，是湖湘文化集大成的地方，其联云："惟楚有材，于斯为盛。"又云："纳于大麓，藏之名山。"

毛泽东和大家每日上山捡柴，到远处挑水，用蚕豆拌米煮饭。主要活动则是自学和商讨未来事业。每日晚饭后，同往橘子洲头游泳，或在江边漫步，或登高望远，在云麓宫、爱晚亭露宿。云麓宫内对联"四面云山来眼底，万家忧乐到心头"，是当时毛泽东心境的写照。

6 月中旬，毛泽东接到杨昌济先生的来信。先生建议他去北京深造，告诉他：吴玉章、蔡元培等正发起"留法勤工俭学"运动。"勤于作工，俭以求学"，正合毛泽东的新村主义设想，毛泽东怦然心动。20日左右，他即在一师附小召开新民学会会议，参会的有何叔衡、蔡和森、张芝圃、陈启民、李和笙、周世钊、萧子升、萧三、陈赞周、邹鼎丞等，主要讨论会友"向外发展"，决定立即在湖南组织、推动赴法勤工俭学运动。

蔡和森受委派往北京打前站，23日成行，他到京后于6月30日夜写来一信，转达杨先生望毛泽东上京之意，并告知在京情况。蔡和森又接连来信，说"三十夜之信，想已接阅"，"二兄行期，似可从速"。"润兄重要笔记亦带来为好，润兄归家一行否？如皆会行动，会事如何善后？二兄当为熟筹。""殊不好为计，故亦望兄来指数。"①

毛泽东当即回信，同意赴京，蔡和森很高兴，"昨夜奉读来示，极忠极切！"说只要决定来，"来而能安，安而能久，则弟从前所虑种种，皆不成甚问题；盖所依赖于兄者，不独在共学造道，抑尤在与立与权也"。

7月26日，毛泽东又复一信，谈及赴法的"才、财、学"三问题，即可能性与必须克服的困难。他说，"所论才、

———————————

① 蔡和森1918年7月21日致毛泽东信，《新民学会会员通信集》第一集，内部印刷资料，1967年。

财、学三事，极合鄙意"，"我们现所最急者，是一财字；而才次之；而学则无处不有，无时不可以自致。然非学无以广才，非才无以生财"。

蔡和森一再催促毛泽东："驻足惟有润兄最宜。"

毛泽东终于初定行期。在赴京之前，因惦念病母，他回了一趟家乡。母重病，希望儿子日侍左右，却未阻拦儿子远行。舅舅来接母亲到唐家圫养病，毛泽东心稍安，在韶山略住几日，即返长沙，作北上准备。临行写信给两位舅父，报告"定于初七日开船赴京，同行有十二三人。此行专以游历为目的，非有他意"。他对舅舅长期以来照顾母亲深表感谢："家母在府上久住，并承照料疾病，感激不尽。"他感叹："乡中良医少，恐久病难治。故前有接同下省之议。"他还特请人开了一个方子，请舅舅"如法诊治，谅可收功"。他最后说："如尚不愈之时，到秋收之后，由润连护送来省，望二位老人助其成行也。"

这时的毛泽东，处在家、国两难之中——慈母的病情，牵动着他的心；事业的进展，又使他不能不远行！

第一次北京之行

1918 年 8 月 14 日，毛泽东与新民学会众人在长沙会合。次日清晨，一行 24 人，包括张昆弟、罗学瓒、李维汉、罗章龙①、萧子升，大家在长沙登船，顺湘江而下，入洞庭，下长江。16 日抵汉口，弃舟登岸，改乘火车北上。

冒着滚滚白烟的蒸汽机车，载着未来中国的一批了不起的人物，跨越中原大地，跨过黄河——毛泽东伏在窗口，第一次为大河、大山、大平原所震撼！

这是他第一次走出湖南，第一次在几天之内走过半个中国！

16 日，火车至河南郾城，忽见四周白茫茫一片，原来是沙河发大水了！大家都下了车，在火车停留的这段时间，毛泽东与罗章龙、陈绍休一起到漯河察看村寨水情，与农民交谈。河水很快退去，这才登车续行。18 日，车至大石桥，

---

① 罗章龙本已动身去日本，但至上海后因故未成行，所以此次与毛泽东同往北京。

因铁路路基被水掏空，不能再行。毛泽东便与众人来到昔日曹操的故都许昌（今许昌市建安区张潘镇古城村附近）。

罗章龙回忆："我们在漯河车站宿了一夜。第二天，毛润之、我、陈绍休坐临时车子到了许昌，在那里停留一二天。润之对许昌很感兴趣，许昌是三国的魏都，但旧城已荒凉。他建议去看看，我们就向当地一些农民了解魏都的情况，知道旧址在郊外，乃步行前往凭吊魏都旧墟，并作诗纪行。"①

在毛泽东的眼里，当年气吞山河的魏都，如今是一片衰败。三国时代，群雄割据，曹操挟天子以令诸侯。196年，那位旷世雄才迎汉献帝刘协迁都至此，相传就在迎献帝当晚举行的酒会上，曹公与文武官员赏月，借酒吟出思慕贤才的《短歌行》：

月明星稀，乌鹊南飞。

绕树三匝，何枝可依？

山不厌高，海不厌深。

周公吐哺，天下归心。

毛泽东所处的年代，军阀混战，与三国时代何其相似！

---

① 罗章龙：《回忆新民学会》，载《党史研究资料》1979年第10期。

强烈的报国雪耻之心让他热血沸腾，他不禁与罗章龙一同吟出一首《过魏都》：

> 横槊赋诗意飞扬，自明本志好文章。
>
> 萧条异代西田墓，铜雀荒沦落夕阳。①

8月19日下午，毛泽东到达北京——31年后，他将在这里宣告一个崭新国家的诞生，并亲手升起第一面五星红旗！

北京是一个让中国人心里极其纠结的地方。她复杂的历史带来了复杂的文化，她独特的地理也赋予其文化以多样性，而她在1918年接纳了毛泽东。毛泽东从多方面观察着这座千年古都，北京给毛泽东留下深刻的印象，或许他从这时开始就有了以这个地方为"家"的打算。

毛泽东首度北京之行，背负着历史的重任。一方面是指他到此的直接目的是组织新民学会会员勤工俭学，以为未来中国储备人才和知识；另一方面，他从知事起就感受到中国的深重灾难，尤其是他离开家乡之后，对中国最近

---

① 据沈世昌、沈长胜：《毛泽东凭吊魏都史考浅析》，载《毛泽东思想研究》1994年第4期；又据许尧坤：《毛泽东与许昌的历史机缘》，原刊于中共中央文献研究室、中央档案馆主办的《党的文献》2000年第1期。

半个世纪的屈辱有越来越多的了解，甚至有了切身的体验，而这半个世纪的灾难与耻辱的汇集之地恰恰就在北京。毛泽东就是带着这样的历史包袱和救国救民的热血来到北京的。对北京真实的感受使毛泽东的使命感大大加强，而新文化运动的多位旗手，尤其是有着荆轲一样壮烈情怀的燕赵壮士——中国马克思主义的祖师李大钊（1889—1927），给毛泽东指出了一条新路。

毛泽东第一次到北京的收获可能主要在对他人生的重大影响（政治信仰）方面，但对他心理和思想的影响也是不容忽视的。

此时，列宁领导的红色俄国正在崛起，为纪念俄国十月革命胜利一周年，11 月 15 日，李大钊在《新青年》第五卷第五号上发表《庶民的胜利》《布尔什维主义的胜利》，称上年发生的十月革命是"列宁的功业""马克思的功业""二十世纪世界革命的先声""使天下惊秋的一片桐叶""将来的环球，必是赤旗的世界"。这样一来，被北洋军阀严密封锁和严重歪曲的俄国十月革命的真相，第一次为先进的中国人所认识，这也是马克思主义、社会主义思潮在中国传播的开始。毛泽东及时接受了这些思潮，他阅读了大量介绍各种学说的书籍和反映当前形势的报刊，其中对他起巨大作用的就是李大钊的这两篇文章，他"迅速地朝着马克思主义的方向发展"。[1]

12月22日，陈独秀、李大钊又创办《每周评论》。这份杂志反映迫切的政治问题，宣传反对军阀，报道第一次世界大战后欧洲局势和革命运动情况。毛泽东成为它的热心读者。

因为在李大钊身边担任北京大学图书馆助理员，这段时间，毛泽东的思想十分活跃，也越来越激进。他常接触李大钊，面聆教诲。他也常去杨昌济家和黎锦熙家。他还拜访了陈独秀、胡适、蔡元培等名人，与他们讨论新文化运动。

特别值得关注的是，第一次北京之行让毛泽东开始找到从传统文化向新文化转变的契合点。

1919年1月25日，北京大学哲学研究会成立，毛泽东被吸收为会员；他还加入了新闻学研究会。1919年10月16日，毛泽东得到一张由蔡元培颁发的听讲半年的证明书，因此成为北京大学的旁听生。

---

[1] 以上引文见[美]埃德加·斯诺著，董乐山译：《西行漫记》，北京：生活·读书·新知三联书店，1979年，第132页。

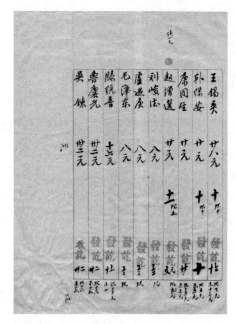

1919年北京大学职员薪金册

　　这一年的春节（2月1日），毛泽东是在黎锦熙先生家过的。黎先生把自己的《国语研究调查之进行计划书》修订本给他看，请他提意见。

　　在新闻学研究会里，毛泽东结识陈公博、谭平山，还有邵飘萍，特别是邵飘萍，对他帮助很大。邵飘萍是《京报》的社长、新闻学研究会的讲师，是一个自由主义者，是一个有理想和优良品质的人。

　　毛泽东在众多学派、学说中，经过艰难的抉择，最后选定马克思列宁主义作为他的信仰，这是他第一次到北京的最大收获。

毛泽东对北京的第一印象是不错的，他后来描述："我自己在北京的生活条件很可怜，可是在另一方面，故都的美对于我是一种丰富多彩、生动有趣的补偿……在公园里，在故宫的庭院里，我却看到了北方的早春。北海上还结着坚冰的时候，我看到洁白的梅花盛开。我看到杨柳倒垂在北海上，枝头悬挂着晶莹的冰柱，因而想起唐朝诗人岑参咏北海冬树挂珠的诗句：'千树万树梨花开。'北京数不尽的树木激起了我的惊叹和赞美。"

为什么不出国留学

1919 年 3 月，北洋政府批准留法勤工俭学的计划。3 月 12 日，毛泽东在北京与首批预备去法国的青年离京南下。火车到达天津，大家下车去大沽口看海——这是毛泽东平生第一次来到海边。他和大家凭吊了清朝留下的炮台遗址。遗址位于海河入海口南、北两岸，由砖石、三合土夯筑，初建于清嘉庆二十一年，后不断扩建，防御体系形成规模，

鼎盛时期有"威、镇、海、门、高"五座炮台，配置千万斤级铜铁大炮及附属设施。

大沽口炮台是中华民族抗击侵略、不畏强暴的历史见证。1840年至1900年间，列强在这里发动四次入侵，一路攻入北京，烧杀抢掠，把圆明园付之一炬，并威逼清政府签订一系列不平等条约。

惨烈的战事过去还不到20年，在战争的遗址上，毛泽东感慨万千，早已埋藏在他心底的雪耻愿望变得更加强烈。

面对冰封千里的茫茫大海，大家围坐一处，追怀着祖国的过去，畅谈着未来和各自的理想。有人提议以海为题作诗，毛泽东作的诗中有两句："苍山辞祖国，弱水望邻封。"这说的是朋友们即将远航赴法国勤工俭学，祖国的青山在一点一点离去，遥望要去的那个地方，却像近在眼前。

这是多么让人心里发慌但又让人激动和期盼。但是，为了若干年后回来改变这个国家的现状，就必须进行这种旅行和离别！

1919年3月14日，毛泽东抵达中国最大的工商业之都上海，在这儿一住就是20余天。

8 年前，他从封闭的韶山冲走出来，到达相对开放的长沙城。他在夯实传统文化的基础上，接受了近代革命浪潮对他灵魂的沐浴；接着，他来到北京，新文化运动和马克思列宁主义的思潮对他进行了深刻的洗礼；现在，他又在上海，感受海派文化和商业的文明，面朝浩瀚的东海和太平洋，他不能不"少年心事当拏云"①。

　　在这期间，毛泽东作为留学活动的重要组织者，他送走两批赴法留学生登轮而去，而他自己却未出国。

　　其实，这一时期的毛泽东对红色的俄罗斯非常向往，也有去那里留学的计划，但此时此刻并未成行，他给周世钊写信解释说：

　　我觉得求学实在没有"必要在什么地方"的理，"出洋"两字，在好些人只是一种"迷"。中国出过洋的总不下几万乃至几十万，好的实在很少。多数呢？仍旧是"糊涂"，仍旧是"莫名其妙"，这便是一个具体的证据。我曾以此问过胡适之和黎邵西两位，他们都以我的竟（意）见为然，胡适之并且作过一篇《非留学篇》。

―――――――――――

① 此诗见唐代李贺《致酒行》："我有迷魂招不得，雄鸡一声天下白。少年心事当拏云，谁念幽寒坐呜呃。"意思是少年人心中怀有义薄云天的壮志。

因此，我想暂不出国去，暂时在国内研究各种学问的纲要。我觉得暂时在国内研究，有下列几种好处：1.看译本较原本快迅得多，可于较短的时间求到较多的知识。2.世界文明分东西两流，东方文明在世界文明内，要占个半壁的地位。然东方文明可以说就是中国文明。吾人似应先研究过吾国古今学说制度的大要，再到西洋留学才有可资比较的东西。3.吾人如果要在现今的世界稍为尽一点力，当然脱不开"中国"这个地盘。关于这地盘内的情形，似不可不加以实地的调查及研究。这层工夫，如果留在出洋回来的时候做，因人事及生活的关系，恐怕有些困难。不如在现在做了，一来无方才所说的困难；二来又可携带些经验到西洋去，考察时可以借资比较。

他坦白地说：

现在我于种种主义，种种学说，都还没有得到一个比较明了的概念，想从译本及时贤所作的报章杂志，将中外古今的学说剌（刺）取精华，使他们各构成一个明了的概念。有工夫能将所剌（刺）取的编成一本书，更好。

毛泽东还说：

但我不是绝对反对留学的人，而且是一个主张大留学政策的人。[1]

　　他把现实留给了自己，把未来留给了别人——1949年以前的半个世纪证明他这种选择的正确，由于他拥有远远超过其他人对国情的了解与研究，而成为中国革命最杰出的领袖。1949年以后，在从未留过洋的他深感自己对中国建设经验不足的时候，那些留过洋的人，包括政治家和科学家们，适时地成为他的有力助手和接班人。他去世后，那些留过学的人更是走到了中国政治和经济的前台，引领国人完成他未竟的大业。

歌唱湘江与洞庭

　　1919年4月30日，巴黎和会无视中国提出废除"二十一条"的要求，决定把德国在山东的特权全部转让给日本。5月4日，五四爱国运动爆发，整个5月，毛泽东在长沙参加、

---

① 以上引文均见1920年3月14日毛泽东致周世钊的信，中共中央文献研究室、中共湖南省委《毛泽东早期文稿》编辑组：《毛泽东早期文稿》，长沙：湖南人民出版社，2013年，第427—430页。

组织、领导学生运动，以响应北京。到6月初，运动达到高潮。毛泽东由此完成从青年学生到社会活动家的转变，他也将以他的诗笔投向社会。

五四运动对于毛泽东无疑如火中凤凰，因涅槃而新生。在长沙，湖南学联刊物《湘江评论》创刊，毛泽东担任主编和主要撰稿人。在创刊宣言上，他激情如火地说：

自"世界革命"的呼声大倡，"人类解放"的运动猛进，从前吾人所不置疑的问题，所不遽取的方法，多所畏缩的说话，于今都要一改旧观，不疑者疑，不取者取，多畏缩者不畏缩了。这种潮流，任是什么力量，不能阻住。任是什么人物，不能不受他的软化。

世界什么问题最大？吃饭问题最大。什么力量最强？民众联合的力量最强。什么不要怕？天不要怕，鬼不要怕，死人不要怕，官僚不要怕，军阀不要怕，资本家不要怕。

他满怀深情地描绘湘江：

至于湘江，乃地球上东半球东方的一条江。他的水很清。他的流很长。住在这江上和他邻近的民族，浑浑噩噩。世界上事情，很少懂得。他们没有有组织的社会，人人自营散处。只知有最狭的一己，和最短的一时，共同生活，久远观念，多半未曾梦见。他们的政治，没有和意和彻底

1919年5月，湖南省立第一师范学校湘潭学友会合影，二排左三为毛泽东。当时他是湖南学生反帝爱国运动的实际领导人

的解决，只知道私争。他们被外界的大潮卷急了，也办了些教育，却无甚效力。一班官僚式教育家，死死盘踞，把学校当监狱，待学生如囚徒。他们的产业没有开发。他们中也有一些有用人才，在各国各地方学好了学问和艺术。但没有给他们用武的余地，闭锁一个洞庭湖，将他们轻轻挡住。

……

咳！湘江湘江！你真枉存在于地球上。

他疾呼：

时机到了！

世界的大潮卷得更急了！

洞庭湖的闸门动了，

且开了！

浩浩荡荡的新思潮业已奔腾澎湃于湘江两岸了！

顺他的生，

逆他的死。

如何承受他？

如何传播他？

如何研究他？

如何施行他？

这是我们全体湘人最切最要的大问题，

即是"湘江"出世最切最要的大任务。

《民众的大联合》（一、二、三）是毛泽东发表在《湘江评论》上一组反响最强烈的文章。

毛泽东痛切地说："国家坏到了极处，人类苦到了极处，社会黑暗到了极处。补救的方法，改造的方法，教育，兴业，努力，猛进，破坏，建设，固然是不错，有为这几样根本的一个方法，就是民众的大联合。"

他深刻洞察到中国民心的松散，故提出联合的主张。在连载的第二部分，他具体地谈联合的方法，即各行各业分别组织起来，有农民的联合、工人的联合、学生的联合、女子的联合、教师的联合……他借各色人等的口，表达他们生活的痛苦。特别值得注意的是，他把农、工排在最前面，而对教育制度的弊端，他对学生、教师的痛苦描绘最多，这是由他个人少年时代的经历决定的，也符合他以后改造社会的大思路。

他说："满嘴里'诗云''子曰'，清底却是一字不通。他们不知道现今已到二十世纪，还迫着我们行'古礼'守'古法'。一大堆古典式死尸式的臭文章，迫着向我们脑子里灌……国家要亡了，他们还贴着布告，禁止我们爱国。""'烈女祠'遍天下，'贞童庙'又在那里？""苦！苦！自由之神！你在那里！快救我们！"

比较第一、二部分论大联合、小联合，到第三部分论"中华'民众的大联合'的形势"，更是酣畅淋漓："俄罗斯打倒贵族，驱逐富人，劳农两界合立了委办政府，红旗军东驰西突，扫荡了多少敌人，协约国为之改容，全世界为之震动。……德人奥人截克（捷克）人和之，出死力以与其国内的敌党搏战。怒涛西迈，转而东行，英法意美

既演了多少的大罢工，印度朝鲜，又起了若干的大革命。异军特起，更有中华长城渤海之间，发生了五四运动。旌旗南向，过黄河而到长江，黄浦汉皋，屡演活剧，洞庭闽水，更起高潮。天地为之昭苏，奸邪为之辟易。咳！我们知道了！我们醒觉了！天下者我们的天下。国家者我们的国家。社会者我们的社会。我们不说，谁说？我们不干，谁干？刻不容缓的民众大联合，我们应该积极进行！"

毛泽东大力主张："种种方面都要解放了。思想的解放，政治的解放，经济的解放，男女的解放，教育的解放，都要从九重冤狱，求见青天。"

他充满激情地赞美："我们中华民族原有伟大的能力！压迫愈深，反动愈大，蓄之既久，其发必速。"

他大胆地预言："我敢说一怪话，他日中华民族的改革，将较任何民族为彻底。中华民族的社会，将较任何民族为光明。中华民族的大联合，将较任何民族为光明。中华民族的大联合，将较任何地域任何民族而先告成功。诸君！诸君！我们总要努力！我们总要拼命地向前！我们黄金的世界，光华灿烂的世界，就在前面！"

《湘江评论》的创刊，引起全国注意。1919 年 7 月 15 日，长沙《大公报》首先报道。在上海，7 月 20 日，《湖南》月刊介绍："《湘江评论》……著论选材，皆极精粹，诚吾湘前所未有之佳报，欲知世界趋势及湘中曙光者，不可不阅。"

创刊号印两千份，一天就卖完，又加印两千份，不到三天又卖完。这引起了湖南当局的恐慌。8月11日左右，第五期刚印出，才寄出少量，张敬尧军阀政府即将这份刊物查封。

《湘江评论》是毛泽东主编的第一份公开发行的报纸，虽遭查封，但在全国造成的影响是查封不掉的。北京《每周评论》第三十六期发表胡适的专文，评价："武人统治之下，能产出我们这样的一个好兄弟，真是我们意外的欢喜。""《湘江评论》的长处是在议论方面。第二、三、四期的《民众的大联合》一篇大文章，眼光很远大，议论也很痛快，确是现今的重要文字。"①

① 窦其文：《毛泽东新闻思想研究》，北京：中国新闻出版社，1986年。

失去母亲的痛苦

毛泽东的母亲文氏（1867—1919），在同族姐妹中排行第七，故又称文七妹（正式的名字是文素勤），湘乡县凤音乡（现韶山市大坪乡）唐家圫人。18 岁与毛顺生结婚，共生 5 男 2 女，仅 3 个成人。她毕生勤劳俭朴，心地善良，特别富有同情心，经常周济穷人和乡邻。

文氏因长期劳累，加上韶山冲的封闭，营养不足，这位孕育了未来伟大人物的女性，得了当时难治的两种病：喉蛾和瘰疬病（喉炎和淋巴腺炎）。

毛泽东于 1918 年七八月回韶山探母，但他的事业使他不得不舍下 52 岁的母亲，于 8 月中旬回省城，组织新民学会会员北上，准备赴法勤工俭学。8 月 19 日，他到了北京。

1919 年 3 月 12 日，毛泽东匆匆离京，14 日到上海，送走第一、第二批赴法勤工俭学青年后，4 月 6 日回到长沙。大弟泽民已按所嘱，陪病母在长沙就医，他即赶到医院。

这是毛泽东与母亲相聚的最后一段宝贵时间，他和母亲、弟弟，在蔡和森家留下他们唯一的一张合影。

1919 年，毛泽东兄弟与母亲在长沙合影

母亲在五四运动的余波中回到韶山，在病榻上艰难地过着最后的日子。她在翘首盼望游子归来，但她依然一如既往地默默承受痛苦，只在心中和梦中与儿子相会。10 月初，老人家病情急剧恶化，毛泽东慌忙收拾行李，急回故乡。但到上屋场时，得知母亲已于 3 天前永别人世。

10 月 8 日是中华民族传统节日中秋节（农历八月十五），往常，这是与家人团圆的时候，丹桂飘香，月明如镜、合家喝酒，吃月饼。今年的中秋节，却是笼罩着悲伤的气氛，月圆而人已不能圆。

在母亲灵前，毛泽东以泪凝成《祭母文》及灵联：

呜呼吾母，遽然而死。

寿五十三，生有七子。

七子余三，即东民覃。

其他不育，二女二男。

育吾兄弟，艰辛备历。

摧折作磨，因此遘疾。

中间万万，皆伤心史。

不忍卒书，待徐温吐。

今则欲言，只有两端：

一则盛德，一则恨偏。

吾母高风，首推博爱。

远近亲疏，一皆覆载。

恺恻慈祥，感动庶汇。

爱力所及，原本真诚。

不作诳言，不存欺心。

整饬成性，一丝不诡。

手泽所经，皆有条理。

头脑精密，劈理分情。

事无遗算，物无遁形。

洁净之风，传遍戚里。

不染一尘，身心表里。

五德荦荦，乃其大端。

合其人格，如在上焉。

恨偏所在，三纲之末。

有志未伸，有求不获。

精神痛苦，以此为卓。

天乎人欤，倾地一角。

次则儿辈，育之成行。

如果未熟，介在青黄。

病时揽手，酸心结肠。

但呼儿辈，各务为良。

又次所怀，好亲至爱。

或属素恩，或多劳瘁。

小大亲疏，均待报赉。

总兹所述，盛德所辉。

必秉恫忱，则效不违。

致于所恨，必补遗缺。

念兹在兹，此心不越。

养育深恩，春晖朝霭。

报之何时，精禽大海。

呜呼吾母！母终未死。

躯壳虽瘵，灵则万古。

有生一日，皆报恩时。

有生一日，皆伴亲时。

今也言长，时则苦短。

惟挈大端，置其粗浅。

此时家奠，尽此一觞。

后有言陈，与日俱长。

尚飨！

疾革尚呼儿，无限关怀，万端遗恨皆须补；

长生新学佛，不能住世，一掬慈容何处寻？

春风南岸留晖远，

秋雨韶山洒泪多。[1]

---

[1] 中共中央文献研究室、中共湖南省委《毛泽东早期文稿》编辑组：《毛泽东早期文稿》，长沙：湖南人民出版社，2008年，第374页。

饱含真情与浓情，是此长诗的最大特点。一开头就不由自主地深情呼唤母亲，然后从哺育子女的辛劳、博爱精神的宝贵、条理分明的作风、讲究整洁的习惯等方面概述母亲平凡而伟大的一生。同时也写到母亲深深的遗憾。关于这一点，毛泽东讲得比较含蓄，"三纲之末"似乎讲的是"夫为妻纲"一条，大约是说母亲与父亲关系不是很融洽，或者父亲一心只想发家致富，倾力于外，所以毛泽东认为父亲对母亲关心不够，甚至使母亲受了不少委屈。母亲走了，另一个遗憾是3个儿子还没有完全成熟，特别是小儿子泽覃只有14岁，所以说"介在青黄"。毛泽东追述这一切之后，便自然而然地痛哭失声，大呼："呜呼吾母，母终未死。"表示在世一天，就要报答母亲一天。人都去世了，何以报答？那就是以母亲的为人，以母亲的精神，激励自己奋斗不息，做出大事业，完成母亲没有完成的遗愿（把母亲对韶山冲和本家族的爱推而广之到全中国乃至全世界）。

另外，此长诗在用词上也是有感而发。如用"遽然"（突然）写母亲过世得令人没有思想准备；用"摧折作磨"写母亲的艰辛；用"覆载"（覆盖）写母亲的博爱广大；用"恺恻慈祥"（富有同情心和慈祥品格）写母亲的品性；

用"倾地一角"（让大地塌下一角）极言作者的悲痛；用
"春晖朝霭"比喻母亲留下的光辉；用"精禽大海"（指
精卫填海之事）表达作者报答母恩的决心。

全诗结构大略为三大块：

第一大块是总写母亲的去世并概写母亲的恩德，引起
下文，即从开头到"待徐温吐"。

第二大块就是"温吐"（慢慢地述说）的内容，从"今
则欲言"到"均待报赛"，这是从几个方面分述母亲的恩德。

第三大块是全诗的总结，也是感情的高潮。从"总兹
所述"到结束，表达对母亲深深的思念和报答母亲的决心。

四言诗的特点是典雅、高贵，内涵丰富，用语精练，
但通常比较难懂。尤其在 1919 年这个时候，毛泽东刚刚沐
浴五四文风，要完全转变他写作上偏好古典的风格，尚待
时日，而诗风要转到较通俗甚至民歌化上，则更是不容易
的事。

为便于我们理解，不妨把这首四言诗译成现代文：

呜呼，何其痛哉！我敬爱的母亲，您突然撒手人寰！

您享年 53 岁，生下 7 个孩子，只剩下 3 人，即我、泽民、
泽覃。其他两女两男，都未能长大成人。您养育我们兄弟，
经受无数艰辛。各种挫折磨难，让您患上疾病。这中间的

无数往事，都是伤心的历史。我举起笔来，不忍心写出，让我慢慢倾诉。现在要说，只有两个方面，那就是您的大德和未了心愿。

母亲，您的高风，首推那广博无私的大爱。您的慈爱，远远近近，不管亲疏，所有的人都曾承享。您恻隐慈祥，感动万类。您的爱心，来自一片真诚。您从不说谎，从不欺瞒。您总是整齐有序，形成习性，一丝一毫，从不紊乱。您经手的事务，都是有条有理。您的头脑精密，情理分得清清楚楚，事从不会遗漏，物逃不过您的慧眼。

您的洁净之风，传遍亲戚邻里。从身到心，从外到内，您都是一尘不染。您的温、良、恭、俭、让，五德昭彰；您的品格，至高无上。

至于您遗憾的地方，是在三纲最后一条。您有理想还没有实现，有追求还未能获得。您因此精神痛苦，以此最为突出。您就这样带着遗憾，突然离去。天啊人啊！大地都要倾塌一角！

您担心的是儿辈：我们虽已成人，却还没有成熟，就好像果子还在由青转黄。记得您重病的时候，拉着我的手，酸楚的情绪郁结在肠。您喊着我们的名字，要我们为善从良。除此之外，您所怀想的，还有亲友和至爱。

您所留下的，有的属于恩情，有的属于劳苦。无论大小，无论远近，都等待我们去答报。说了这么多，一切的一切，总归一句，您的大德，光辉照耀。我们一定牢记您的初心，效法而行，决不违背。至于您的遗憾，我们也一定努力弥补。

想到这里说到这里，我心如止水。您养育的深恩，就像春天的光彩、早晨的雾霭。什么时候可以回报？像精卫填海，一定要实现。

呜呼！我敬爱的母亲！您永远不会离去。您的身体虽毁，您的英灵万古。我有生命的一天，就是报答您恩情的一天；我有生命的一天，就是陪伴您的一天！要说的还有许多，相聚的时间苦于太短。又拙于言辞笨拙，万不能道一，只能选择大的方面，说得也非常肤浅。当此家祭之时，我敬上一杯清酒。思念之情，将与时日一起增长。

母亲，您请享用吧！

重病的时候您还呼唤您的儿子，无限关怀他人，千万遗憾都须要弥补；

生命的中途您又信奉佛的教义，不能长留在世，音容笑貌到何处寻找？

春日的风吹拂着南岸把光辉长远留下；

秋天的雨飘落在韶山伴清泪潸然而洒。

诗情画意的 1921 年元旦

1921 年 1 月 1 日，新年元旦，满城银光，瑞雪兆丰年，10 多名留在长沙的新民学会会员，即毛泽东、何叔衡、彭璜、周世钊、熊瑾玎、陶毅、陈书农、易礼容等，在潮宗街文化书社聚会。会议由何叔衡主持，研讨内容是"改造中国与世界"的道路与方法，重点讨论："新民学会应以甚么作共同目的？达到目的须用甚么方法？方法进行即刻如何着手？"

讨论之前，毛泽东介绍了新民学会在法国的会员的看法。

原来，1919 年 12 月 25 日，蔡和森与母亲葛健豪、妹妹蔡畅及向警予一起，同行者共 30 多人，在上海登上"央脱莱蓬"号邮船，经过 35 天海上航行，于 1920 年 1 月 30 日抵达马赛，2 月 2 日到达巴黎。蔡和森进入蒙达尼男子公学。5 月，蔡和森与向警予在蒙达尼结婚。毛泽东在国内知道这个消息后，赞扬他们敢于打破陈旧落后的婚姻制度。

1920 年下半年至 1921 年年初，蔡和森向毛泽东明确提

出：只有社会主义能够拯救中国与改造世界，要发展中国革命，先要组织党——共产党。共产党是无产阶级革命运动的"发动者、宣传者、先锋队、作战部"。他第一次旗帜鲜明地称这个党为"中国共产党"。毛泽东对他的主张"深切赞同"。同时，蔡和森对中国共产党建党的理论、方针及组织原则也作了较系统的阐述。

1920年7月初，13名新民学会会员从法国各地先后到达蒙达尼，7月6日到10日，他们在蒙达尼公学的教室里举行了5天会议，会上蔡和森提出以"改造中国和世界"为学会的方针，得到大家的赞成。

如何改造中国与世界呢？蔡和森主张先要组织共产党，建立无产阶级专政。蔡和森在1920年8、9月写给毛泽东的两封长信中，以及次年2月写给陈独秀的长信《马克思学说与中国无产阶级》中，系统地阐明他对马克思主义基本理论的认识。他说："我近对各种主义综合审谛，觉社会主义真为改造现世界对症之方，中国也不能外此。"中国发生的问题，无论哪一种都不是现社会制度所能解决的，"所以中国的社会革命，一定不能免的"，中国将来的改造，"完全适用社会主义的原理与方法"，从而得出了只有社会主义才能救中国的结论。

蒙达尼会议上，大家各执一词，而蔡和森主张组织共产党，走俄国式革命道路，另一部分人则主张"温和的革命"，以教育为工具，也就是以罗素为代表的那种政治主张。

在中国共产党成立前七个月，毛泽东、何叔衡把这些问题放到新年聚会上讨论。

关于"新民学会应以甚么作共同目的？"有三种意见，即改造世界、改造东亚、改造中国与世界。毛泽东认为"改造中国与世界"最妥，因为它既点明了出发点，又展示了终极目标。

达到"改造中国与世界"这一目的需用什么方法？

毛泽东归纳有五法，即社会政策、社会民主主义、激烈的共产主义（列宁主义）、温和的共产主义（罗素主义）和无政府主义。

对这一关键性的问题，争论异常热烈。毛泽东主张激烈的共产主义（列宁主义），他认为，激烈的共产主义"是可以预计效果的，故最宜采用"。

结果，赞成布尔什维主义的有 12 人，赞成温和方法的有 1 人，赞成民主德谟克拉西主义的有 2 人。

1921 年 1 月 3 日，讨论改造中国与世界的方法进行即

刻如何着手。何叔衡、陈启民、彭璜等说"有组党之必要"，社会主义青年团"颇有精神，可资提挈"。毛泽东总结众人意见并作补充。①大家提出的方法还有研究、组织、宣传、联络、筹措经费、办事业。毛泽东均表赞同，又提出在研究中须增加"修养"，"联络"应是联络同志。

会议还讨论了会友的室家、健康与娱乐问题。增进健康包括早起、运动、沐浴、节劳、戒烟酒等；增进娱乐包括游江会、游山会、踏青会、聚餐会、踏雪会、球会等。决定 4 月 17 日为学会成立纪念日。

新民学会这次具有里程碑式的会议于 1921 年 1 月 3 日下午 2 时闭会。

在仅仅半年之后，快 28 岁的毛泽东将前往上海，参加中国共产党第一次全国代表大会，这标志着毛泽东正式登上中国历史的大舞台。

---

① 据《新民学会会务报告》第二号。中国革命博物馆、湖南省博物馆编：《新民学会资料》，北京：人民出版社，1980年，第32—33页。

恰是风华正茂时（代跋）

从湖南省立第一师范学校毕业 7 年、参加中国共产党一大 4 年后，在 1925 年，也就是青年毛泽东 32 岁的时候，他重登岳麓山，游橘子洲，双眉紧锁，吟出《沁园春·长沙》：

独立寒秋，湘江北去，橘子洲头。看万山红遍，层林尽染；漫江碧透，百舸争流。鹰击长空，鱼翔浅底，万类霜天竞自由。怅寥廓，问苍茫大地，谁主沉浮？

携来百侣曾游，忆往昔峥嵘岁月稠。恰同学少年，风华正茂；书生意气，挥斥方遒。指点江山，激扬文字，粪土当年万户侯。曾记否，到中流击水，浪遏飞舟？ ①

毛泽东的这首词不由得让我们想起梁启超的《少年中

①　此词一般认为写于1925年秋，即毛泽东从韶山回到长沙之时。但9月间长沙并非"寒秋"，相反是炎热的"秋老虎"，根本没有词中所描绘的寒冷、清绝景象，枫叶也并没有红。笔者认为，应是写于回韶山开展农民运动之前，即刚刚从上海到长沙之时。

《沁园春·长沙》最早的手迹

国说》和杨度的《湖南少年歌》。

《少年中国说》是梁启超（1873—1929）所作，写于戊戌变法失败后的1900年，他在陷入沦亡的清朝晚钟里，描绘了未来少年的朝气蓬勃，热盼一个"少年中国"的出现。文中最动人且荡气回肠的无疑是这一段：

故今日之责任，不在他人，而全在我少年。少年智则国智，少年富则国富，少年强则国强，少年独立则国独立，少年自由则国自由，少年进步则国进步，少年胜于欧洲则国胜于欧洲，少年雄于地球则国雄于地球。红日初升，其道大光。河出伏流，一泻汪洋。潜龙腾渊，鳞爪飞扬。乳虎啸谷，百兽震惶。鹰隼试翼，风尘翕张。奇花初胎，矞矞皇皇。干将发硎，有作其芒。天戴其苍，地履其黄。纵有千古，横有八荒。前途似海，来日方长。美哉，我少年中国，与天不老！壮哉，我中国少年，与国无疆！

《湖南少年歌》则是杨度（1875—1931）怀着忧国忧民的强烈感情作于流亡日本之时，是对《少年中国说》的回应，首次刊发在梁启超主编的《新民丛报》上。诗歌描绘了湖南的少年形象，寄托了拯救国家的湖南担当，诗中写道：

我本湖南人，唱作湖南歌。

湖南少年好身手，时危却奈湖南何？

湖南自古称山国，连山积翠何重叠。

五岭横云一片青，衡山积雪终年白。

沅湘两水清且浅，林花夹岸滩声激。

洞庭浩渺通长江，春来水涨连天碧。

天生水战昆明沼，惜无军舰相冲击。

北渚伤心二女啼，湖边斑竹泪痕滋。

不悲当日苍梧死，为哭将来民主稀。

空将一片君山石，留作千年纪念碑。

后有灵均遭放逐，曾向江潭葬鱼腹。

世界相争国已危，国民长醉人空哭。

宋玉招魂空已矣，贾生作吊还相渎。

亡国游魂何处归，故都捐去将谁属？

爱国心长身已死，汨罗流水长呜咽。

当时猿鸟学哀吟，至今夜半啼空谷。

此后悠悠秋复春，湖南历史遂无人。

中间濂溪倡哲学，印度文明相接触。

心性徒开道学门，空谈未救金元辱。

惟有船山一片心，哀号匍匐向空林。

林中痛哭悲遗族，林外杀人闻血腥。

留兹万古伤心事，说与湖南子弟听。

……

《沁园春·长沙》《少年中国说》《湖南少年歌》共同构成近现代中国最美的少年歌！

试把《沁园春·长沙》译成散文，如下：

我独自一人伫立在橘子洲，在这寒冷的秋天里，看那

274

百舸争流

湘江静静地向北流去。远处，千座山万座山，已红透了，层层树林都被染得绚丽与烂漫；俯视江水，清澈见底，许许多多的船，争相竞发。雄鹰在苍穹翱翔，鱼儿惬意地闲游在浅浅的水底，天下的生灵都在这降霜的天气里获得它们的自由。可我却在这无边的宇宙间，感到有些怅惘，我要问这苍茫大地，谁来主宰它的命运？

曾经，相约朋友们到此游赏，回忆那个时候，多姿多彩，多么沉重厚实。那是风华正茂的年龄；各人都满腹经纶，怀着那奔放道劲的远大理想，要用彼此的才学指点江山，要用练就的本领书写春秋。只把那自古以来的王侯将相，看成一坯粪土！可曾记得：我们一同在水流最急处，奋勇搏击，那连天的大浪，岂能阻挡住前行的方舟？

当代中国少年，有志者事竟成，以你们的豪杰英雄气，必勾画出新时代的宏伟大业图！

后　记

　　细细地寻找和品味伟人成长路上每一个小节，是一件有意思的事，是一件能给青少年提供启示的事。

　　毛泽东并非天生伟人，他出生的时候甚至比一般人都更加"草根"，他成长的每一步都带着艰辛，家乡、家庭、家风，无疑对他产生了最早的熏陶，父母、乡邻、先生，尤其是他本人的经历，都是他人生的导师。

　　还有一样，始终伴随着他的人生，愁闷时，他借以解忧；迷茫时，他从中寻求答案；开心时，他凭此抒怀——这是他的最爱，那就是诗书。

　　如果说经历让他前行，诗书则成为了他起飞的翅膀。这也是我们这本小书起名的由来。

　　感谢大象出版社的约稿，使我在汗牛充栋的史料中化难为易，化繁为简。我曾经与人合著，在这个出版社出版过一本《毛泽东遗物故事》，那是差不多20年前的事了，现在又有新书合作出版，可谓与"大象"有缘！

这本书虽然体量不大，却也颇费思量。负责这个选题的社领导对此非常重视；具体负责的责任编辑极其细致认真；审稿老师则是高屋建瓴，提出了许多宝贵意见。小书得以付梓，实为幸事，在此深表感谢。

几十年来，广大读者和我的家人对本人潜心治学给予莫大关怀和支持，也要致以谢忱。

希望广大读者尤其是青少年朋友能喜欢这本书。

龙剑宇

2022 年 8 月于韶山